KATHARINA WEISS-TUIDER & CHRISTIAN SCHNEIDER

EXPEDITION POLARSTERN

DEM KLIMAWANDEL AUF DER SPUR

cbj

EINGEFROREN INS EIS

In der Polarnacht auf einer arktischen Eisscholle zu stehen, ist eine unvergleichliche Erfahrung. Der Winter taucht den NORDPOL für beinahe ein halbes Jahr in tiefste Schwärze. Die Welt um einen Menschen schrumpft dann auf einen kleinen Kreis von Licht zusammen, geworfen von der eigenen Stirnlampe. Nur spezielle Polarausrüstung verhindert, dass im eisigen Wind bei gefühlten Temperaturen von unter -60 °C schnell Nase, Finger oder noch mehr Körperteile erfrieren. Meistens herrscht tiefe Stille. Zumindest, wenn kein Sturm über das Eis pfeift. In Nacht und Sturm kann es schwierig werden, heranpirschende Eisbären zu erspähen, sodass dann nur der Rückzug aufs Schiff bleibt. Während unserer Expedition zum Nordpol leuchtete der Forschungseisbrecher POLARSTERN in der Nacht als heller Punkt am Horizont: der einzige Ort, an dem wir Menschen in dieser Eiswelt überleben können.

Ich liebe die Arktis, trotz ihrer Gefahren. Nicht umsonst gibt es unter Polarforschern das Sprichwort, dort draußen könne man sich ein »Polarvirus« einfangen, das einen immer wieder in die Eiswelt zurückkehren lässt. Polarforschung ist bis heute ein gewaltiges Abenteuer.

DIE ARKTIS IST DAS EPIZENTRUM DES KLIMAWANDELS.

Doch die Arktis verändert sich dramatisch. Nirgendwo auf der Erde ist der Klimawandel so deutlich sichtbar wie hier. Seit Anfang der 1990er-Jahre reise ich als Wissenschaftler in den Norden. Wenn ich vor etwa 30 Jahren in den kalten Wintern zu unserer Forschungsstation auf der arktischen Insel Spitzbergen kam, betrat ich eine tief gefrorene Landschaft aus blauen Eisblöcken und glitzernden Schneekristallen. Wer den Fjord, also die Meeresbucht, überqueren wollte, an deren Ufer unsere Forschungsstation liegt, tat dies mit Skiern oder auf Schneemobilen. Denn der Fjord war gefroren und lag vor uns als eine Fläche aus massivem Eis.

Wenn ich heute zu der Station komme, plätschert Wasser vor meinen Füßen, auch im Winter. Der Fjord gefriert nicht mehr. Statt mit Skiern übers Eis zu fahren, müssen wir ihn heute mit Booten überqueren.

Doch was in der Arktis geschieht, bleibt nicht in der Arktis. Es wirkt sich direkt auf das Wetter und Klima bei uns in Europa aus. Allerdings ist die Arktis auch die Klimaregion, die wir am wenigsten verstehen. Das dicke Eis, die Kälte und die Dunkelheit der Polarnacht haben die Wissenschaft bislang erfolgreich davon abgehalten, deren Geheimnisse zu erforschen.

MARKUS REX IST DER LEITER DER EXPEDITION. ER IST POLAR- UND ATMOSPHÄRENFORSCHER.

Aus diesem Grund sind wir im Herbst 2019 zu einer nie gesehenen Expedition aufgebrochen. Mit der Polarstern haben wir uns im Meereis einfrieren lassen und sind mit dem Eis in Richtung Nordpol gedriftet – ohne genau zu wissen, wohin diese Reise uns führen wird. Beinahe 500 Menschen aus aller Welt waren dabei und haben Eis, Bären und Stürmen getrotzt. Wie auch eine Flotte von weiteren Eisbrechern, Schiffen und Helikoptern, die uns im Eis versorgten.

Dank dieser GRÖSSTEN EXPEDITION IN DIE ARKTIS gelang es uns, die Region um den Nordpol zu erforschen wie nie zuvor. Wir konnten die vielen kleinen Vorgänge im arktischen Klimasystem beobachten: Sie sind wie Rädchen in einem Uhrwerk, oder wie Teile eines kleinteiligen Puzzles, und wir müssen die Teilchen kennen, um das große Puzzle zusammensetzen und verstehen zu können.

Darum geht es auch in diesem Buch. Es erzählt die Expedition der Polarstern, entführt in eine eisige Welt, die unendlich faszinierend ist – und zeigt, warum das Eis dieser Welt weniger ewig ist als gedacht. Es erklärt, wie die vielen Einzelteile im Klimasystem zusammenhängen – und warum vieles, das scheinbar so weit weg von uns geschieht, doch so viel mehr mit unserem Wetter zu tun hat, als wir oftmals ahnen.

Dieses Wissen, das wir aus dem Eis nach Hause bringen, wird unsere Zukunft mitbestimmen, und auch die unserer Kinder. Noch bleiben uns wohl wenige Jahre, um einige der dramatischsten Veränderungen im Klimasystem der Erde zu verhindern. Etwa, dass der Nordpol im Sommer eisfrei wird. Das Wissen aus dem Eis kann uns helfen, den Klimawandel aufzuhalten und damit auch die Arktis und »unser« Klima zu schützen.

PROF. MARKUS REX, EXPEDITIONSLEITER,
SEPTEMBER 2020 BEI 89 GRAD NORD, 109 GRAD OST

TEIL 1

TEIL 2

TEAM ATMOSPHÄRE

TEAM OZEAN

TEAM ÖKOSYSTEM

TEAM BIOGEOCHEMIE

TEIL 3

DIE GRÖSSTE ARKTIS-EXPEDITION ALLER ZEITEN

DIESER PLAN KLINGT SCHON ETWAS VERRÜCKT. DOCH DER KLIMAWANDEL GEHT UNS ALLE AN, UND NUR DORT DRAUSSEN IM EIS FINDEN WIR DAS WISSEN, UM IHN ZU VERSTEHEN. ALSO KOMM MIT UND BEGLEITE DIE POLARSTERN ZUM NORDPOL!

Die Polarstern ist ein ganz besonderes Schiff: Sie ist ein FORSCHUNGSEISBRECHER. In den vergangenen vier Jahrzehnten hat sie schon viele Expeditionen mitgemacht. Doch keine war so groß und aufwendig geplant, von so langer Dauer und so gewagt wie diese.

Nun ist die Polarstern auf dem Weg in eine der extremsten Regionen der Erde – die ZENTRALE ARKTIS. An Bord sind 100 Menschen aus aller Welt. Menschen allen Alters und mit den verschiedensten Berufen. Sie sind Forscherinnen und Forscher, Logistikerinnen und Eisbärwächter, Kapitän und Ingenieur, Ärztin, Koch und Nautikerin.

Hoch über ihnen prangt der Stern, dem das Schiff seinen Namen verdankt: der Polarstern! Er weist ihnen den Weg in den hohen Norden. Nur wenige Menschen sind jemals bis in die Region um den Nordpol vorgedrungen.

Die zentrale Arktis ist für uns immer noch ein großes Rätsel. Die Menschheit war auf dem Mond und in den tiefsten Tiefen der Ozeane, Menschen leben auf einer Raumstation und unsere Raumsonden haben die Grenzen unseres Sonnensystems überschritten. Wir haben schon so vieles erforscht und entdeckt. Doch in der zentralen Arktis ist im Winter das Packeis so mächtig, dass es noch nicht einmal Eisbrecher in die Nähe des Nordpols schaffen. Eis und Kälte und die Dunkelheit der POLARNACHT versperren uns den Weg in diese wunderschöne, aber unwirtliche Welt des ewigen Eises.

NOCH IST DAS SO. ABER DAS EIS IST NICHT SO EWIG, WIE DIE MENSCHEN IMMER DACHTEN.

DER PLAN

EIN GANZES JAHR LANG WIRD SICH DIE POLARSTERN MIT IHREN 100 PASSAGIEREN AN BORD IM ARKTISCHEN EIS EINFRIEREN LASSEN. WIR KÖNNEN IM WINTER NICHT ZUM NORDPOL FAHREN – ABER WIR KÖNNEN MIT DEM MEEREIS DORTHIN DRIFTEN UND DABEI DIE ARKTIS ERFORSCHEN. BEI BIS ZU -45°C EISESKÄLTE UND IN MONATELANGER DUNKELHEIT.

Die Arktis verändert sich. Auf dramatische Weise. Und mit ihr die ganze Erde. Ausgelöst hat das der MENSCHENGEMACHTE KLIMAWANDEL. Obwohl wir schon jetzt wissen, dass diese Veränderungen in der Arktis und ihre Auswirkungen auf das Weltklima groß sein werden, kennen wir das Ausmaß dieser Veränderungen noch nicht genau. Wir müssen dringend besser verstehen, was wir selbst verursacht haben.

Die Expedition der Polarstern verfolgt deswegen ein wichtiges Ziel: dem Klimawandel genauer auf die Spur zu kommen. Die wissenschaftlichen Daten, die das Team der Polarstern sammelt, können Menschen auf der ganzen Welt helfen, etwas gegen den Klimawandel und seine Folgen zu unternehmen.

DAS IST DIE POLARSTERN
IM SEPTEMBER 2019.
SIE IST AUF DEM WEG
DURCHS NORDPOLARMEER –
AUF EINER EXPEDITION,
WIE ES SIE NOCH NIE ZUVOR
GEGEBEN HAT.

HEISSZEIT?!

DER KLIMAWANDEL VERÄNDERT DIE WELT

Der Klimawandel betrifft uns alle, egal, welchen Beruf oder welches Alter wir haben, wie wohlhabend wir sind, ob wir uns für das Klima und unsere Erde interessieren oder nicht. Manche von uns haben allerdings stärker und schneller mit den Folgen der globalen Erwärmung zu kämpfen als andere – je nachdem, wo wir leben. Denn die Auswirkungen sind nicht überall auf der Erde gleich.

Vor allem betrifft der Klimawandel euch! Kinder und Jugendliche von heute müssen in der Zukunft mit den immer stärkeren KLIMAFOLGEN leben. Immer mehr jungen Leuten ist das bewusst – und glücklicherweise auch immer mehr Erwachsenen. Sie fordern deswegen, dass die Weltgemeinschaft endlich etwas gegen die globale Erwärmung unternimmt und die Erde anders behandelt: als unsere Heimat, auf die wir besser achtgeben müssen. Sie verlangen von der Politik und der Wirtschaft, dass die wissenschaftlichen Fakten ernst genommen werden und die Menschheit endlich weniger klimaschädliche Treibhausgase in die Atmosphäre jagt. Und zwar jetzt und nicht irgendwann, wenn die heutigen Kinder selbst schon Erwachsene sind und mit den Folgen der globalen Erwärmung leben müssen. Klar: Das weltweit wachsende Engagement, um das Klima zu retten, gefällt nicht allen. Manche reagieren ganz schön empört. Kaum jemand hört gerne, dass wir mit unserem nicht-nachhaltigen Lebensstil den Klimawandel selbst verursacht haben.

Vermehrte EXTREMWETTER gehören zu den Folgen des Klimawandels, die auch uns Menschen oft unmittelbar betreffen. Sie können schlimmen Schaden anrichten, sogar mit großen Langzeitfolgen für Mensch und Natur.

Zwar behaupten Menschen, die den Klimawandel leugnen, oft: Extremwetter gab es schon immer!

STIMMT. ABER DABEI ÜBERSEHEN DIESE MENSCHEN ETWAS.

Extremwetter entstehen nicht durch den Klimawandel. Der Klimawandel sorgt aber dafür, dass sie häufiger auftreten und dadurch immer schlimmere Auswirkungen haben. Zu Dürren kam es zum Beispiel auch schon früher. Wenn sie aber häufiger auftreten, erholt sich die Natur zwischen den Dürren schlechter. Die Böden trocknen immer mehr aus, Pflanzen verdursten, es kommt öfter zu Waldbränden. Tiere sterben oder müssen die Region verlassen. Ernten fallen aus, Nahrungsmittel fehlen. So werden die Auswirkungen immer heftiger.

USA, SOMMER 2005

Mit dem Hurrikan Katrina bricht eine der verheerendsten Naturkatastrophen der Geschichte über die Vereinigten Staaten herein. New Orleans geht in fast 8 Meter tiefen Fluten unter. Es gibt weder Strom noch Trinkwasser, dafür Gewalt und Plünderungen.

TSCHECHIEN UND DEUTSCHLAND

FRÜHJAHR 2006 — Ein enormes Hochwasser überflutet die Region entlang der Elbe.

DEUTSCHLAND, HERBST 2017 — Sturm Xavier bricht auffallend früh im Herbst herein. Die Bäume tragen noch Blätter und bieten dem Wind eine gute Angriffsfläche. Die Böen reißen sie um. Sieben Menschen sterben.

DEUTSCHLAND, 2018

Das wärmste Jahr seit Beginn der Aufzeichnungen! Im ganzen Land kommt es im Sommer zu einer extremen Dürre. Bäume sterben, die Kartoffelernte schrumpft um ein Viertel gegenüber dem Vorjahr.

AUSTRALIEN

SOMMER 2019 BIS WINTER 2020

Gewaltige Brände wüten monatelang. 33 Menschen und über eine Milliarde Tiere sterben durch die Feuer, die eine Fläche verwüsten, die mehr als ein Drittel so groß ist wie Deutschland.

SÜDLICHES AFRIKA, WINTER 2020 — Nach extremer Dürre spitzt sich die Lage in den südlichen Ländern des afrikanischen Kontinents zu. Tiere verdursten, den Menschen fehlt es an Nahrung und Wasser.

HOTSPOT ARKTIS

WO ES SCHNELLER WÄRMER WIRD ALS IRGENDWO SONST

Hitzewellen und wachsende Wüsten, verheerende Hurrikane und Überschwemmungen – überall auf der Welt sind Mensch und Erde mehr und mehr vom Klimawandel betroffen. Doch die Region unseres Planeten, die sich infolge des Klimawandels drastischer verändert als alle anderen, ist:

DIE ARKTIS

Überraschend, oder?

AUSGERECHNET DIE EISIGE REGION RUND UM DEN NORDPOL, DIE UNS SO WEIT ENTFERNT SCHEINT, SOLL DER HOTSPOT DES MENSCHENGEMACHTEN KLIMAWANDELS SEIN?

Tatsächlich erwärmt sich die Arktis mindestens doppelt so schnell wie der Rest der Welt. Und ausgerechnet im Winter, wenn es in der Arktis eigentlich bis zu -45 °C kalt werden kann, ist die ERWÄRMUNG sogar noch deutlich ausgeprägter als im Sommer!

Eine menschengemachte mittlere Temperatur-Erhöhung von 2 °C ist das absolute Maximum, das unsere Welt vertragen kann, ohne dass die Veränderungen und die Schäden durch den Klimawandel noch viel schlimmer ausfallen. Deswegen versuchen weltweit Menschen, schon eine Erwärmung um 1,5 °C unbedingt zu verhindern. Doch in der Arktis sind wir oft schon weit darüber. Zum Beispiel auf der Inselgruppe Spitzbergen, die hoch im Norden zwischen dem norwegischen Festland und dem Nordpol liegt.

KEIN GRAD WEITER

BEI 1,5 °C MUSS SCHLUSS SEIN

Seit Beginn der Industrialisierung, also dem Beginn der maschinellen Herstellung von immer mehr Gütern in immer größeren Fabriken, hat sich die Erde um mehr als 1 °C erwärmt. Das klingt wenig. Aber das Klima ist ein sensibles System. Dieses eine Grad Erwärmung hat bereits heftige Auswirkungen! Deswegen hat sich die Mehrheit der Länder der Welt im Jahr 2015 in Paris darauf geeinigt, die globale Erwärmung auf unter 2 °C zu begrenzen – und zwar so deutlich darunter wie möglich, nämlich auf 1,5 °C.

GESCHRIEBEN STEHT DIESE ABMACHUNG IM »ÜBEREINKOMMEN VON PARIS«. PASSIERT IST SEITHER ALLERDINGS NOCH ZU WENIG.

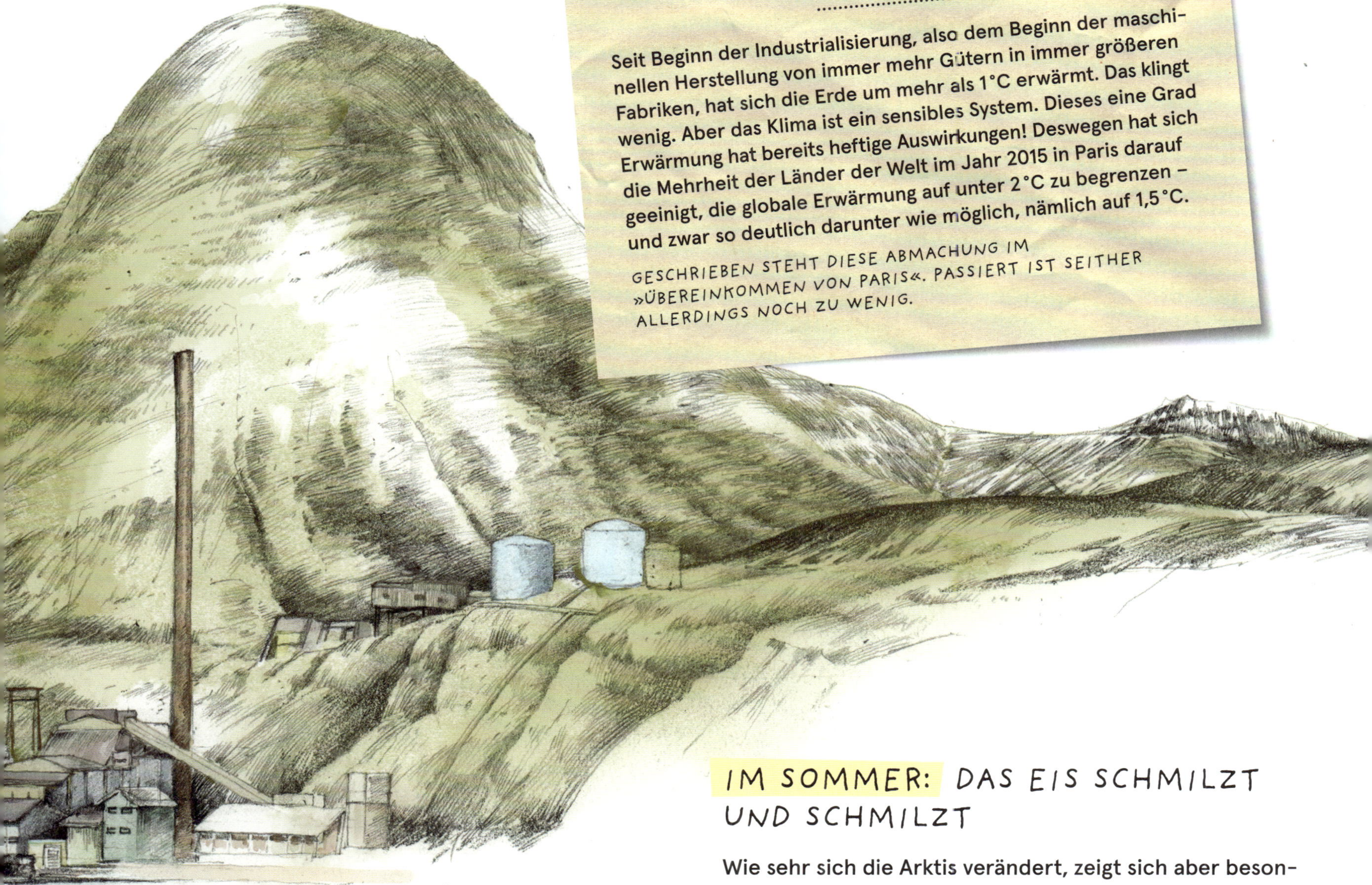

IM WINTER: REGEN AUF DER EISBÄRENINSEL

Spitzbergen ist bekannt für seine eisigen Gletscher, gefrorene Tundra und Polarlichter, die hell leuchtend am Himmel tanzen. Und es ist bekannt für EISBÄREN. So viele Eisbären, dass man sich ohne Schutz gar nicht außerhalb der kleinen Siedlungen bewegen kann. Eine dieser Ortschaften, erbaut aus bunten Holzhäuschen, ist Ny-Ålesund: das nördlichste Dorf Europas. Nur Forscherinnen und Forscher leben hier – und sehen und messen jeden Tag, wie der Klimawandel die Arktis verändert.

Im Winter wird das besonders deutlich: Seit den 1990er-Jahren ist die Durchschnittstemperatur auf Spitzbergen um 6 °C angestiegen. Wenn die Forscherinnen und Forscher im Winter aus den Fenstern der bunten Häuschen in Ny-Ålesund blicken, kann es sein, dass es regnet, statt zu schneien.

IM SOMMER: DAS EIS SCHMILZT UND SCHMILZT

Wie sehr sich die Arktis verändert, zeigt sich aber besonders deutlich von weit oben, aus der Erdumlaufbahn. Früher hat sich das Meereis selbst im Sommer weit über den Arktischen Ozean erstreckt und lag wie eine weite weiße Decke zwischen den Kontinenten Asien, Europa und Nordamerika. Heute zieht sich das Eis immer weiter zurück. Im Sommer dehnt es sich mittlerweile nur noch halb so weit aus wie noch vor 40 Jahren.

Man könnte sich nun fragen:

WAS HAT DAS MIT UNS ZU TUN?

Schließlich ist die Region rund um den Nordpol doch nur eine weit entfernte, lebensfeindliche Eiswüste. Oder nun eben ein Meer ohne Eis. Na und?

Wenn der Klimawandel die Arktis so dramatisch umgestaltet, ändert sich die LEBENSWELT für die Menschen und Tiere, die dort zu Hause sind – und das sind viel mehr, als so mancher vermutet. Und: Diese Veränderungen wirken sich auf das Klima und das Wetter in Europa, Asien und Nordamerika aus. Auch wir sind davon betroffen.

DIE WETTERKÜCHE DER WELT

»WAS IN DER ARKTIS PASSIERT, BLEIBT NICHT IN DER ARKTIS.« – MARKUS REX, LEITER DER POLARSTERN-EXPEDITION

Die Arktis scheint weit, weit weg. Doch auf der Erde hängt alles mit allem zusammen, wie der große Naturforscher und Entdecker Alexander von Humboldt schon vor knapp 250 Jahren sagte. Auch die Veränderungen in der Arktis haben viel mehr mit uns hier in Europa zu tun, als viele Menschen ahnen.

Die Arktis ist die Wetterküche der Nordhalbkugel unserer Erde. Was dort passiert, kann einige Wochen oder Monate später bei uns in Europa, Nordamerika oder Asien Wetter werden. Die Arktis beeinflusst aber nicht nur kurzfristig das WETTER, sondern langfristig betrachtet auch das KLIMA bei uns in den sogenannten gemäßigten Breiten. Die heißen aus gutem Grund so: Es gibt kalte, aber nicht extrem eisige Winter und warme, aber nicht extrem heiße Sommer. Genau richtig also für eine abwechslungsreiche Flora und Fauna. Und auch für angenehme Lebensbedingungen für uns Menschen.

MÜTZENWETTER IM WINTER, BADEWETTER IM SOMMER – DAS KLIMA BEI UNS IST SUPERANGENEHM.

Wind mögen zwar viele Menschen nicht so gern. Er kann ganz schön nerven. Aber unser ausgeglichenes Klima verdanken wir gerade ihm. Genauer gesagt einem Westwindband, das sich um die Nordhalbkugel legt. Auf dieser Windbahn geht's rund: In großer Höhe wehen hier Winde bis zu 500 km/h schnell um die Erde. Deswegen nennt man dieses Windband JETSTREAM, also Strahlstrom. Am Boden können wir die unteren Ausläufer des Jetstreams spüren, wenn wir unsere Nase in den Wind halten. Und der kommt wegen des Jetstreams bei uns meistens aus Westen.

STABILER JETSTREAM

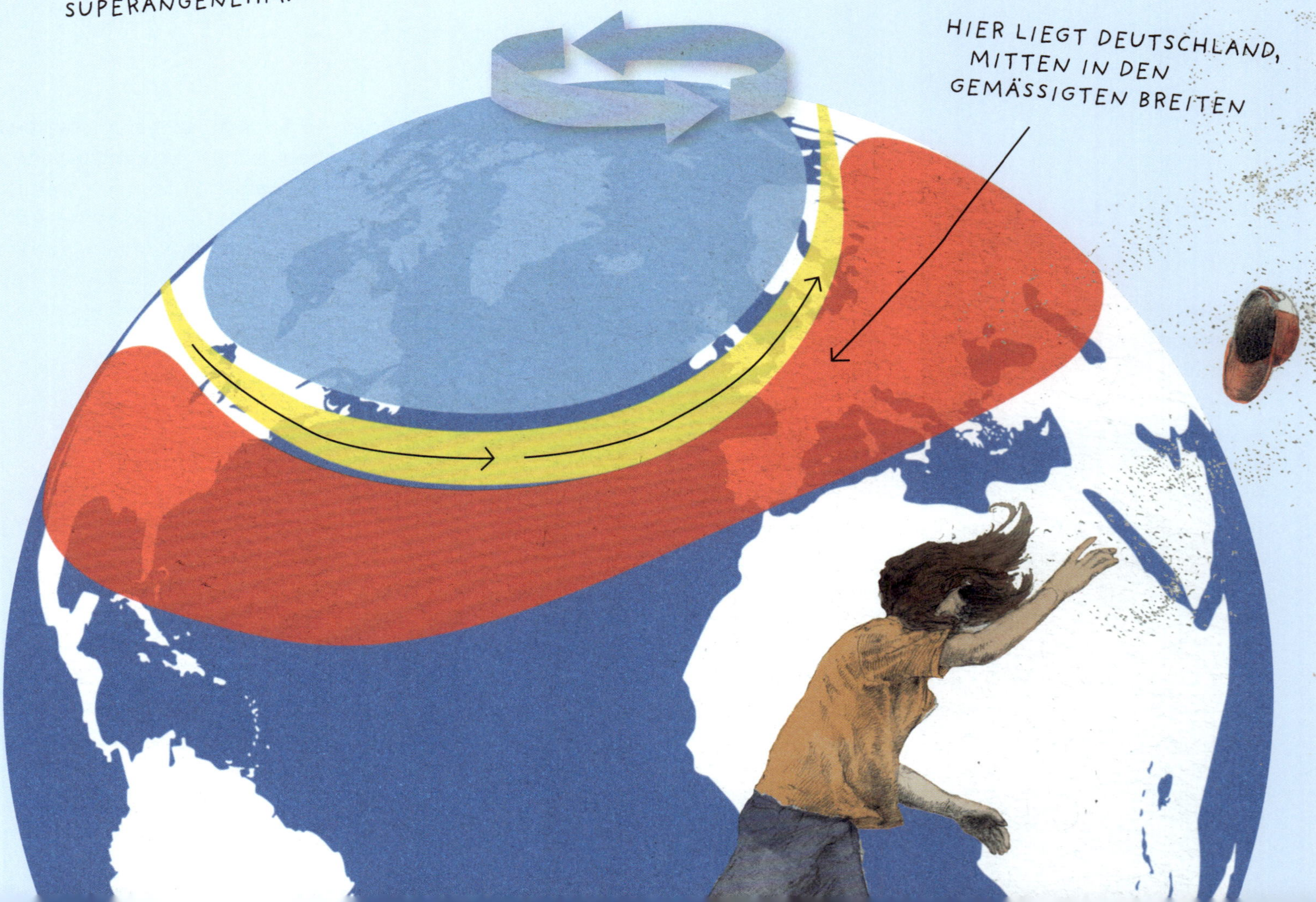

Dieser Jetstream legt sich genau zwischen Arktis und gemäßigte Breiten. Angetrieben wird er von dem großen Temperaturunterschied zwischen der eiskalten Luft im Norden und der milden Luft in unseren Breiten. Und er wirkt wie eine Barriere: Der Jetstream hält die Kälte der Arktis im Norden und die wärmere Luft der gemäßigten Breiten bei uns. Wie ein unüberquerbarer, schnell dahinströmender Fluss von Wind.

Doch der Klimawandel bringt den Jetstream gehörig durcheinander. Er lässt die Temperaturen – vor allem in der Arktis – steigen und dadurch verringert sich der Temperaturkontrast.

Die Folge: Der Jetstream geht auf SCHLÄNGELKURS. Er bewegt sich in regelrechten Wellen über der Nordhalbkugel. Und dieses Geschlängel des Windbands ist seit dem Beginn des Industriezeitalters stärker geworden.

Durch diese Schlängelbewegungen gelangt vermehrt heiße Luft aus den Subtropen zu uns. Dann kann es auffallend heiß werden – und das über einen längeren Zeitraum hinweg. Eine solche Hitzephase hatten wir im Sommer, bevor die Polarstern zu ihrer Arktisexpedition aufbrach: 2019 war der drittheißeste Sommer seit Beginn der Aufzeichnungen. Es war so warm, dass in Deutschland und Frankreich Atomkraftwerke abgeschaltet werden mussten, da die Kühlung nicht mehr gewährleistet war. Die Stadt Lingen in Niedersachsen stellte mit 42,6 °C einen neuen Hitzerekord auf. In den meisten Schulen gibt es schon ab 27 °C Raumtemperatur Hitzefrei! Dieses Limit wurde im Sommer 2019 deutlich geknackt.

Der Klimawandel zeigt sich oft als eine solche wochenlange HITZEPERIODE. Aber immer wieder tritt er auch ganz anders und für viele überraschend in Erscheinung: Wenn der Jetstream sich schlängelt, kann ebenso eiskalte Luft aus der Arktis zu uns in den Süden strömen. Die USA bekamen einen solchen arktischen KÄLTEEINBRUCH im Winter 2019 zu spüren, bevor die Polarstern zur Expedition aufbrach. In Chicago herrschte im Januar extreme Kälte von -22 °C! Durch den eisigen Wind lag die gefühlte Temperatur sogar bei -46 °C. Das ist kein Mützenwetter mehr – bei diesen Minustemperaturen wird es lebensgefährlich.

SCHLÄNGELNDER JETSTREAM

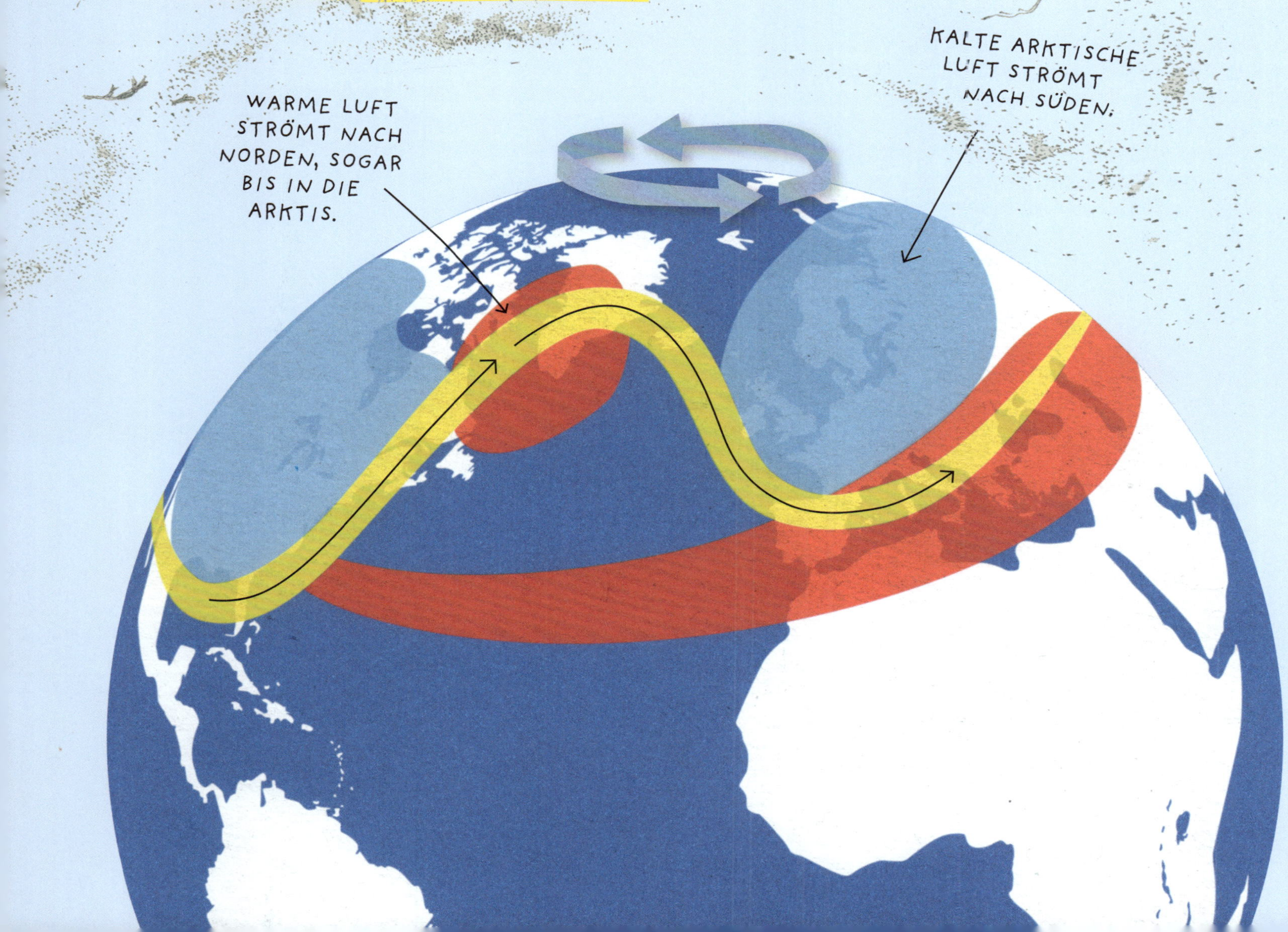

DIE GEHEIMNISSE DER POLARNACHT

Keine Nacht währt länger: Beinahe ein halbes Jahr lang taucht die Polarnacht den Nordpol in Dunkelheit. Klirrende Kälte und tosende Stürme brechen dann über die Arktis herein und machen sie zu einem der lebensfeindlichsten Orte der Erde. Mond und Sterne sind für diese langen Wintermonate das einzige natürliche Licht. Im Mondschein wirkt die farblose Meereiswelt wie eine bizarre Landschaft auf einem anderen Planeten. Die Polarstern wagt sich mitten hinein in die unerforschte Finsternis. Denn die Polarnacht ist eines der größten Rätsel des Klimasystems. Nur hier draußen findet die Expedition Antworten auf die Frage: Was geschieht mit dem Klima?

Das KLIMASYSTEM der Erde ist wie ein gigantisches, komplexes Puzzle. Es hat unendlich viele Einzelteile, die alle miteinander verbunden sind. Verändern sich Puzzleteile oder werden sie verändert – zum Beispiel von uns Menschen –, bringen sie weitere Teile durcheinander. Ist die Veränderung im Klimasystem groß genug, kann sie sich sogar auf das ganze Puzzle auswirken.

Seit die Wissenschaft erkannt hat, dass wir Menschen den Klimawandel angestoßen haben, ist sie auf der Suche nach all den Teilen, die sich nun im Klimapuzzle verändern. Weltweit sammeln Forscherinnen und Forscher möglichst viele Klimadaten, die sie dann mit viel Hirnschmalz und ausgefeilten, mathematischen Computerprogrammen zusammensetzen. So erstellen sie KLIMAMODELLE.

PUZZLE-PROGNOSEN

Ein Klimamodell ist eine Art Puzzle-Prognose: wie das gesamte Klimapuzzle aussieht und in Zukunft wohl aussehen wird, wenn sich das eine oder andere Teilchen im Gefüge verändert. Je mehr Teile schon bekannt und je genauer die Daten sind, mit denen die Klimamodelle gefüttert werden, desto zutreffender sind auch die VORHERSAGEN.

WIE STARK WIRD SICH DIE ERDE BIS ZUM ENDE DES 21. JAHRHUNDERTS ERWÄRMEN? WELCHE ROLLE WIRD DIE ARKTIS DABEI SPIELEN?

Klimamodelle helfen, solche Fragen möglichst genau zu beantworten. Mit ihnen lässt sich also vorhersagen, wie der Klimawandel die Erde verändert. Und das ist sehr wichtig. Denn nur, wenn die Menschen wissen, was genau auf sie zukommt, können sie sich besser vor den Folgen des Klimawandels schützen, etwa vor Extremwetter. Und sie können auch die richtigen Maßnahmen ergreifen, um die globale Erwärmung so gut wie möglich aufzuhalten. Denn Klimamodelle können auch zeigen, was passieren wird, wenn die Menschheit einfach so weitermacht wie bisher.

SOLLTEN WIR ES DAZU WIRKLICH KOMMEN LASSEN?

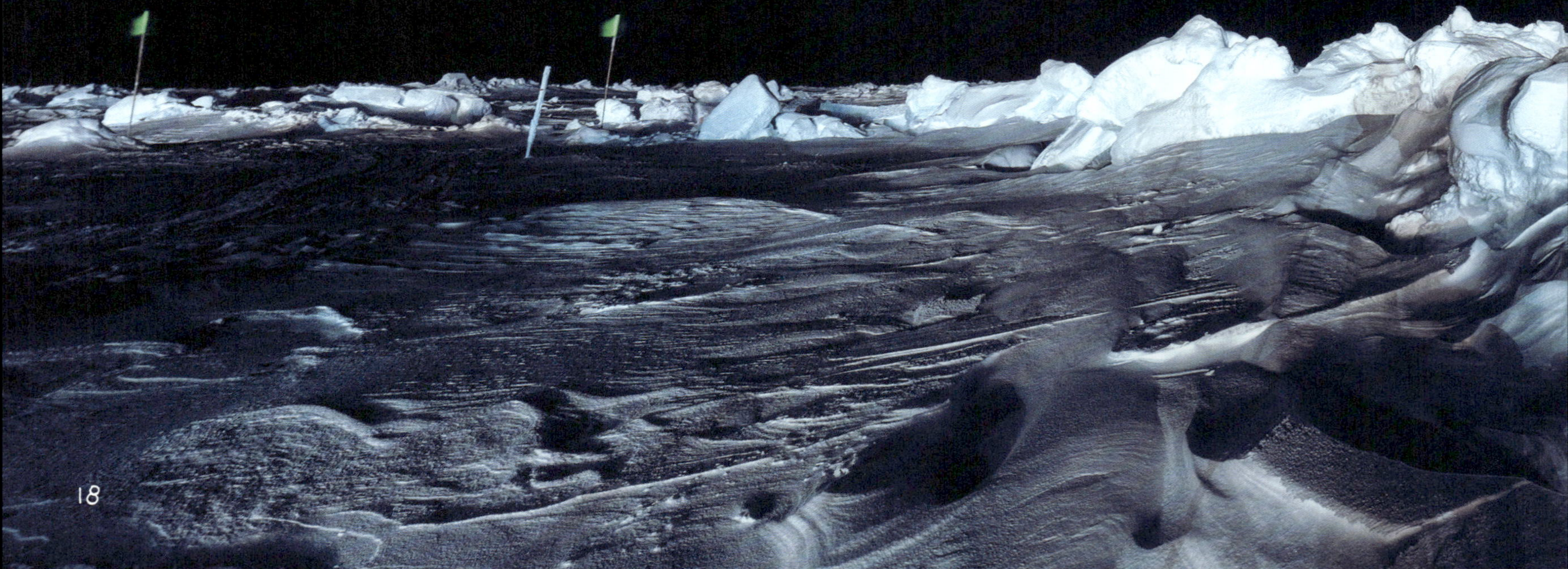

DER BLINDE FLECK IM KLIMAPUZZLE

Doch vor der Expedition der Polarstern haben die Klimapuzzle-Prognosen ein Problem: Aus der Arktis fehlen die Daten. Die Region um den Nordpol ist für die Wissenschaft der große blinde Fleck im Klimapuzzle. Niemand weiß, wie das Klimasystem am Nordpol genau funktioniert – oder sich durch den Klimawandel verändert.

Die POLARNACHT ist der Grund dafür. Wenn die Sonne in dieser Zeit kein einziges Mal über den Horizont steigt, kann die Temperatur auf eisige -45 °C sinken. Das Meereis ist dann so mächtig, dass nicht mal ein Forschungseisbrecher dorthin vordringen kann. Nacht und Eis haben die Wissenschaft bislang aus dem arktischen Winter ausgesperrt.

Also müssen Klimamodelle bislang raten, wenn sie die Arktis in ihre Vorhersagen einberechnen. Allerdings hängen das Meereis, aber auch der Arktische Ozean und die Atmosphäre, ja selbst das Ökosystem eng mit dem Klima zusammen. Und wie dieser Zusammenhang genau funktioniert, das rät jedes Modell ein wenig anders. Die Folge dieses Ratens: Manche Klimamodelle sagen voraus, dass sich die Arktis bis zum Ende dieses Jahrhunderts um 5 °C erwärmt, wenn wir weiter Treibhausgase ausstoßen wie gehabt. Andere hingegen sagen ganze 15 °C Erwärmung voraus! Das ist so, als würde der Wetterbericht ankündigen: Morgen wird es wohl durchschnittlich 5 °C wärmer als heute oder vielleicht auch 15 °C. Wir wüssten nicht, was wir morgen anziehen sollten.

Das Raten muss ein Ende haben. Die Polarstern ist in die Arktis aufgebrochen, um dieses fehlende Teil des Klimapuzzles aufzudecken. Und so lautet die wichtigste Mission der Expedition: die Rätsel der Polarnacht zu lösen und die dringend benötigten Daten in der Dunkelheit zu sammeln, damit Wissenschaftlerinnen und Wissenschaftler mit ihren Modellen zuverlässig das Klima vorhersagen können.

DIE POLARSTERN-EXPEDITION MUSS DEN BLINDEN FLECK FÜLLEN.

GEFANGEN IM EIS

Massives Packeis versperrt in der Polarnacht selbst den besten Forschungseisbrechern den Weg zum Nordpol, auch der Polarstern. In der Vergangenheit hat es schon viele Expeditionsschiffe zum Umkehren gezwungen – oder Schlimmeres. Dennoch wird die Polarstern inmitten der Polarnacht tief in die zentrale Arktis vorstoßen.

Wenn sich das Meereis im September am weitesten zurückgezogen hat, sucht sich die Polarstern ihren Weg ins Eis vor der sibirischen Küste. Dann macht der Kapitän des Schiffs etwas, das sonst jeder zu vermeiden sucht: Er schaltet die Maschinen der Polarstern in Leerlauf und lässt sein Schiff in das arktische Meereis einfrieren.

DIE NATUR BESTIMMT DEN KURS

Eingeschlossen von den Meereismassen, treibt die Polarstern für die kommenden Monate über den Arktischen Ozean. Dabei hält kein Steuermann das Schiff auf Kurs. Die Natur selbst wird zum Navigator. Das Eis manövriert das Schiff zunächst in Richtung Nordpol und dann auf der anderen Seite der Arktis wieder gen Süden – so lautet zumindest der Plan. Wenn er aufgeht, gelangt die Polarstern nach einer etwa einjährigen Drift in die Framstraße, eine Meeresregion zwischen Grönland und Spitzbergen. Dann hat sie einmal die gesamte Arktis durchquert, und die Expedition konnte während eines vollständigen Jahreszyklus beobachten, was im arktischen Klimasystem vor sich geht.

DIE REISEROUTE DES EISES

Der flache Ozean vor der Küste Sibiriens gilt als die Geburtsstätte des Meereises. Hier gefriert es, und während es immer dicker wird und sich zu Schollen verbindet, schieben Winde und Meeresströmungen das Eis langsam in Richtung zentrale Arktis, zum Nordpol. Oft reist es im Verlauf von zwei bis drei Jahren über die Framstraße, den Seeweg östlich von Grönland, nach Süden bis zum Altantik, wo es schließlich schmilzt. Weil diese Drift das Eis über – lateinisch »trans« – die Polarregion bewegt, heißt sie TRANSPOLARDRIFT. Mit ihr soll auch die Polarstern reisen.

Allerdings gelangt nicht alles Meereis in die Framstraße. Ein Teil des Eises nimmt eine Route nördlich von Kanada und Alaska und gerät in den sogenannten Beaufort-Wirbel. Dieser riesige Meereswirbel kann das Eis lange Jahre im Kreis driften lassen. Hier sollte die Polarstern während ihrer Expedition lieber nicht hineingeraten.

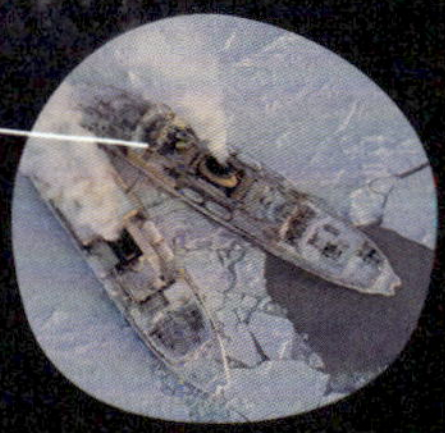

DRIFTEN MIT DEM EIS: EINE RIESIGE HERAUSFORDERUNG

Das Team muss 1 EISSCHOLLE von geeigneter Größe und Dicke finden. Dann kann die Polarstern Eisanker werfen und sich einfrieren lassen.

Auf dem Meereis wird anschließend 1 FORSCHUNGSCAMP errichtet: Eine kleine Stadt im Eis, die langsam über den Ozean driftet. Gelebt und geschlafen wird jedoch ausschließlich auf der Polarstern, denn im Camp ist es zu kalt und zu gefährlich.

Keiner weiß mit Sicherheit, wie die Drift verlaufen und wohin sie die Polarstern tragen wird. Doch wenn alles gut geht, werden Schiff und Forschungscamp zusammen TAUSENDE KILOMETER weit reisen.

Die Polarstern hat große Laderäume, dennoch benötigt sie während der Drift alle zwei bis drei Monate frische Nahrungsmittel und Fracht. 6 EISBRECHER UND FORSCHUNGSSCHIFFE versorgen abwechselnd das im Eis gefangene Schiff. Dazu müssen sie sich selbst tief in die Arktis hineinwagen. Außerdem bringen sie regelmäßig die Ablösung für das Expeditionsteam ins Eis. Denn es können immer nur 100 Menschen an Bord der Polarstern leben.

DIE EISDRIFT

WÄHREND DER EXPEDITION IST DIE POLARSTERN MIT ÜBER 1000 KM WEITER VON LAND UND ZIVILISATION ENTFERNT ALS DIE RAUMSTATION ISS, DIE AUF GUT 400 KM HÖHE FLIEGT.

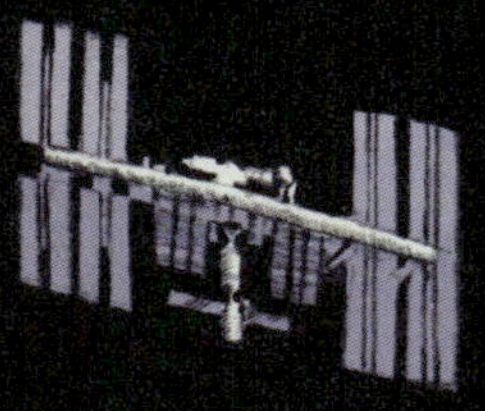

POLARSTERN

DER POLARSTERN, NACH DEM DAS SCHIFF BENANNT IST, STEHT IMMER GENAU IM NORDEN.

Nicht das Eis hat der Arktis ihren Namen gegeben, sondern die Sterne. Die Griechen der Antike tauften die Region árktikos, was so viel heißt wie »die Nordgestirne betreffend« oder auch »unter dem Bären gelegen«. Gemeint war jedoch nicht der Eisbär, sondern das Sternbild des Großen Bären, das am Himmel über der Nordhalbkugel prangt.

DER POLARTAG DAUERT AM POLARKREIS EINEN TAG LANG, AM NORDPOL BEINAHE EIN HALBES JAHR.

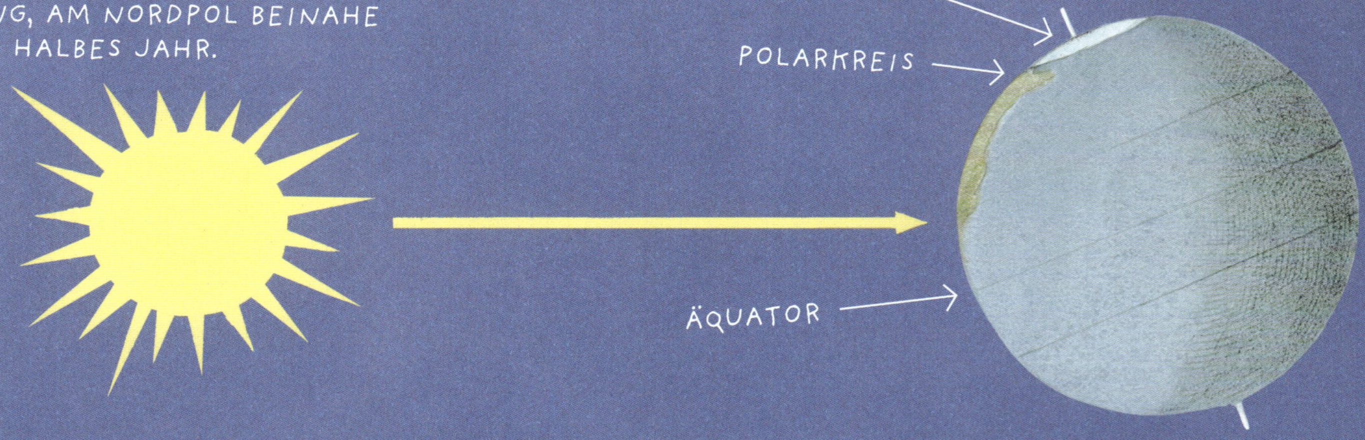

Während der Sommermonate fährt die Polarstern durch das Licht des Polartages. Dann steht die »Mitternachtssonne« für 24 Stunden am Tag am Himmel. Polartag und -nacht entstehen, da die Erdachse zur Sonne schräg ausgerichtet ist. Obwohl sich die Erde um ihre Achse dreht, bleibt der Nordpol der Sonne im Sommer monatelang zu- und im Winter abgewandt.

DIE MITTERNACHTSSONNE GEHT NIE UNTER.

Während der Wintermonate driftet die Polarstern durch die Polarnacht. Dabei herrscht nicht nur tiefe Finsternis. In klaren Nächten kommt es in der Arktis oft zu geisterhaften Himmelserscheinungen: dem Nordlicht. Sonnenwinde bringen dabei Moleküle in der Hochatmosphäre zum Glühen.

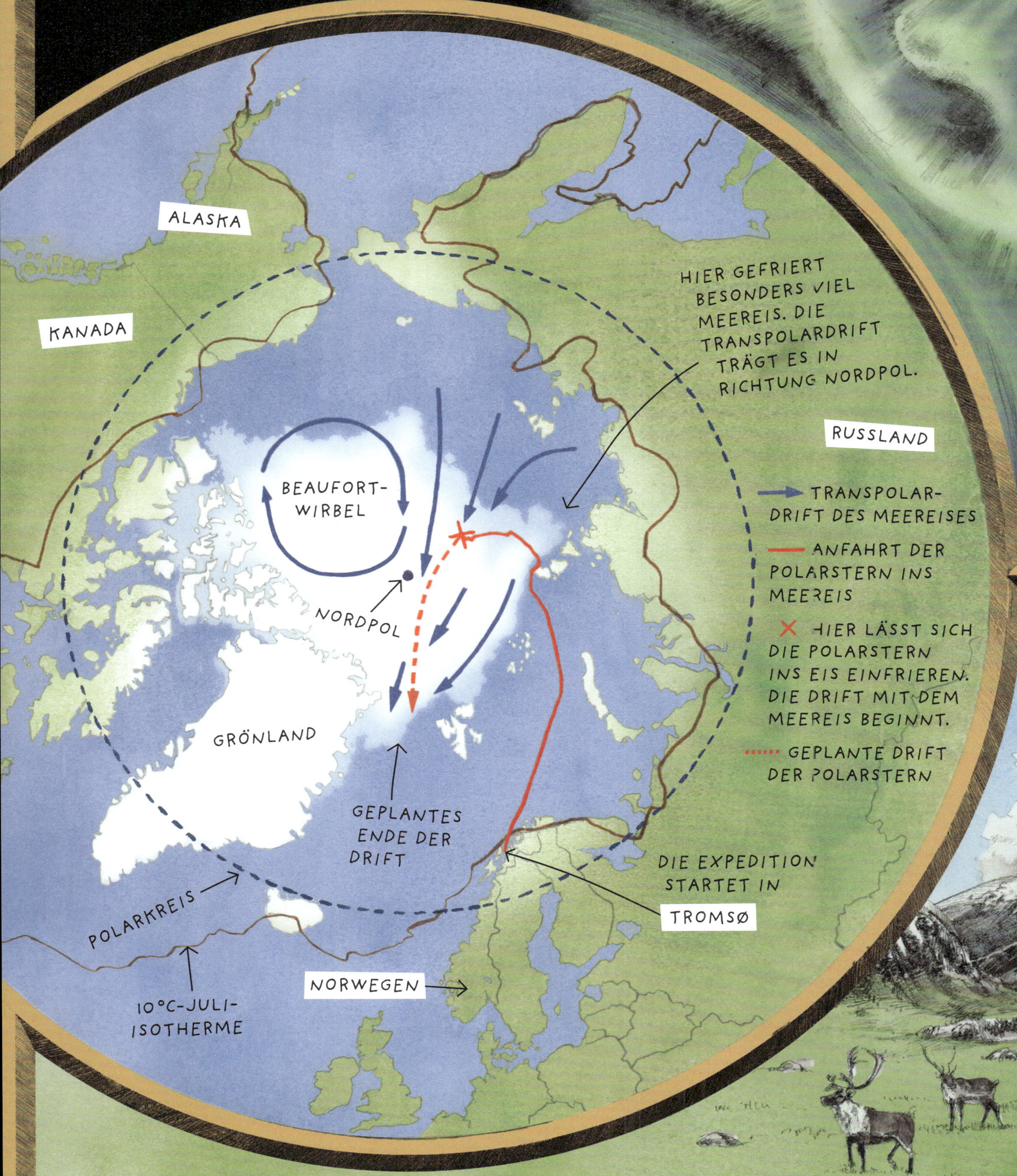

Im Herzen der Arktis liegen Polkappe und Nordpolarmeer. Oft gilt der Polarkreis als Grenze der Arktis. Aber die sogenannte 10 °C-Juli-Isotherme eignet sich besser: Sie bestimmt die Arktis als eine Klimazone. Und zwar folgendermaßen: Der Juli ist im Durchschnitt der wärmste Monat im Jahr. Denkt man sich die 10 °C-Juli-Isotherme als Linie, liegt nördlich davon die Temperatur im Juli durchschnittlich unter 10 °C. Mit dieser Linie stimmt auch die Baumgrenze großteils überein. Das macht die Arktis zum Land der Rentiere und weißen Bären, nicht der Bäume.

DER ERFINDER DER EISDRIFT

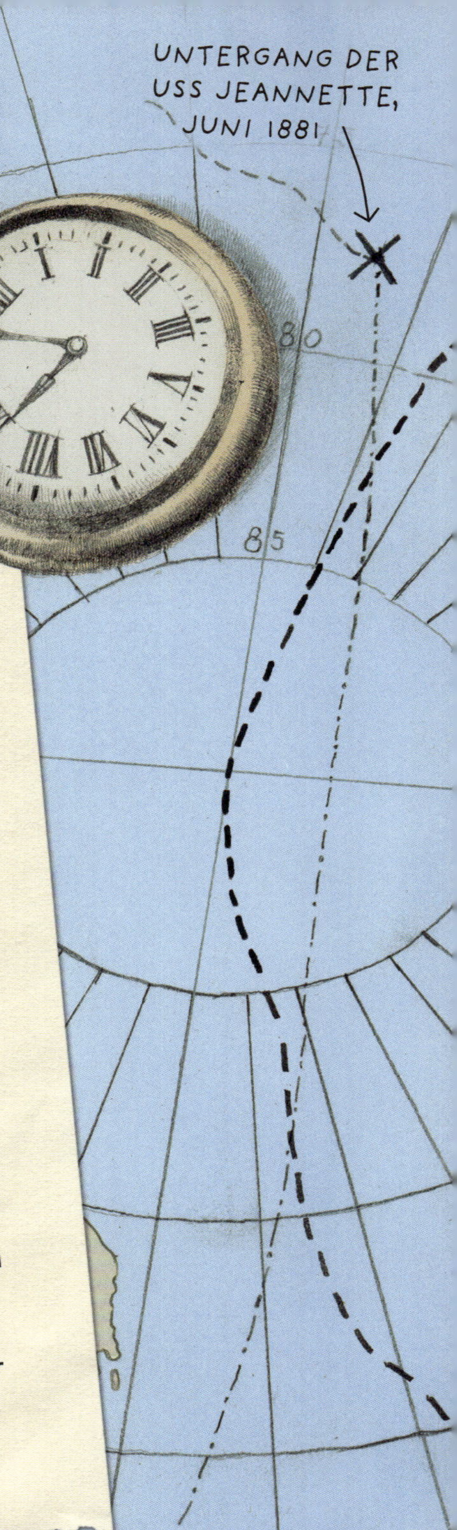

Die Idee, ein Expeditionsschiff von der natürlichen Eisbewegung über den Nordpol tragen zu lassen, ist nicht neu. Sie ist sogar schon über 125 Jahre alt. Und der Erste, der ihr folgte, war der norwegische Wissenschaftler und Entdecker Fridtjof Nansen.

Nansen wollte zum Nordpol. Und zwar als Erster. Zuvor war keiner so weit in das arktische Eis vorgestoßen. Aber Nansen war überzeugt von der TRANSPOLARDRIFT, also von der natürlichen Bewegung des Eises über das Nordpolarmeer, die damals nicht mehr war als eine unbewiesene Theorie. Und so plante er die erste Drift-Expedition der Geschichte.

Als Nansen erklärte, er wolle sich mit einem Schiff im PACKEIS einfrieren lassen, hielten ihn seine Zeitgenossen für total durchgeknallt. Welch ein törichter Plan! Allerdings hatte Nansen gute Hinweise dafür gefunden, dass sein Plan gelingen könnte.

1879 war ein amerikanisches Schiff namens Jeannette von der Beringstraße in Richtung Nordpol aufgebrochen. Weit kam die USS JEANNETTE nicht, zumindest nicht als ganzes Schiff, denn sie wurde vom Packeis wie ein Streichholz zerquetscht. Einige Zeit später fand man Überbleibsel: ein Scheckheft, ein Mützenschild, die Proviantliste trieben im Eis. Allerdings auf der anderen Seite der Arktis, an der Südwestspitze Grönlands, Tausende von Seemeilen entfernt.

Das gab Nansen zu denken. Wie war das möglich? Die Überbleibsel mussten mit einer Strömung über den Ozean gewandert sein. So zumindest lautete eine Theorie, die auch Nansen begeistert teilte. Denn dank dieser Strömung schien plötzlich die Reise zum Nordpol möglich, über den man damals weniger wusste als über die Oberfläche des Mondes. Für den Mond gab es Teleskope – aber zum Nordpol konnte noch niemand blicken. Und so rankten sich viele Legenden um ihn. Sie erzählten sogar von einer Art Garten Eden, der von heißen Meeresströmungen gespeist würde. Eine aus heutiger Sicht eher kuriose Vorstellung …

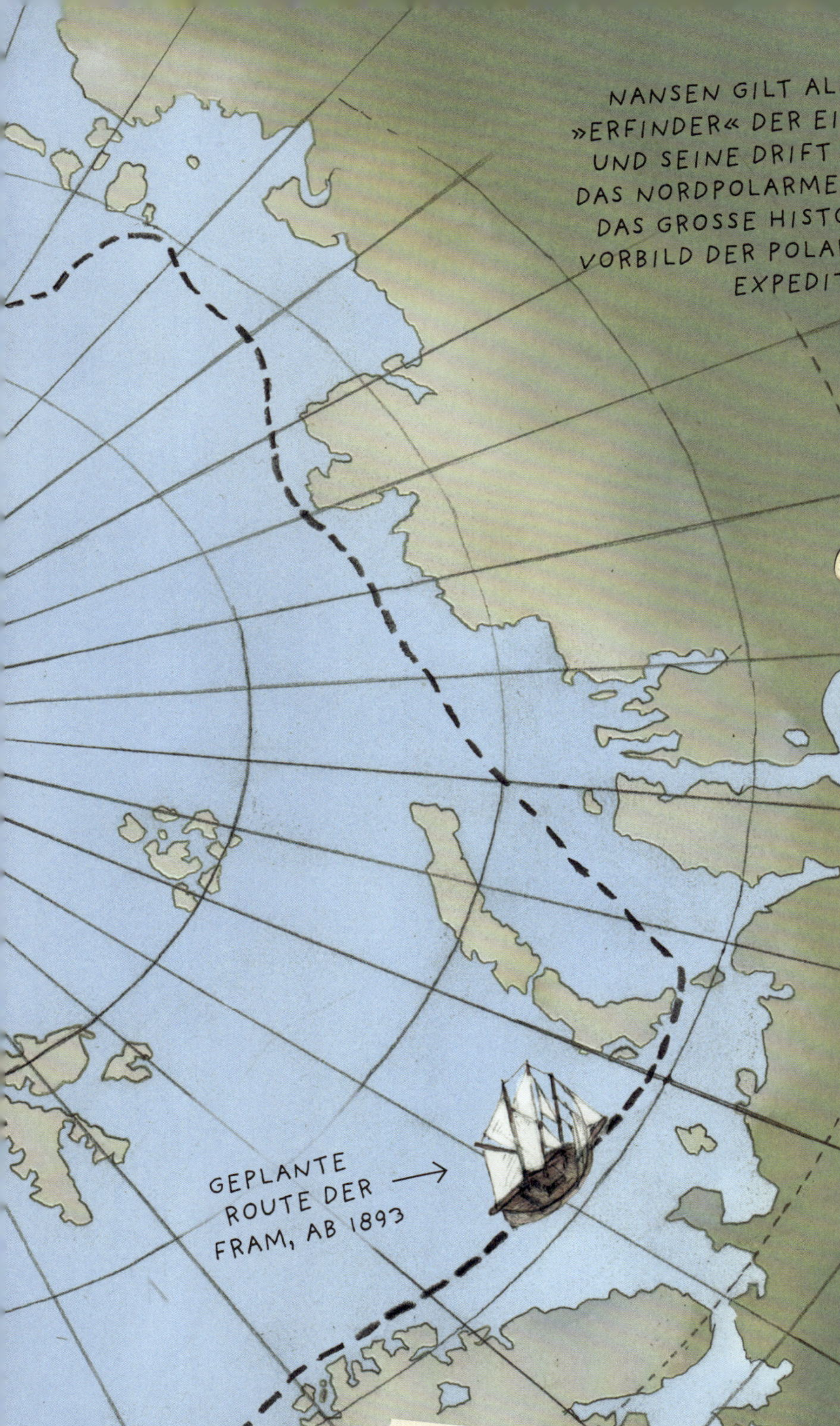

Doch der ehrgeizige Nansen ließ sich von der Skepsis seiner Zeitgenossen nicht entmutigen. Was er freilich brauchte, war ein besonderes Schiff – und eine gute Mannschaft. Sonst würde auch seine Expedition am arktischen Packeis scheitern, das schon vielen Schiffen den Untergang und ihren Mannschaften einen eisigen Tod beschert hatte. Gemeinsam mit dem berühmten Schiffsbauer Colin Archer entwarf Nansen ein wahres Wunderschiff: die FRAM. (Das ist norwegisch und bedeutet »vorwärts«.)

Um vom Packeis nicht zerquetscht zu werden, sollte ihr Rumpf so »glatt wie ein Aal« sein. Das Holzschiff Fram war so konstruiert, dass es sich dank seiner runden Form unter dem Druck des Eises nach oben heben würde, anstatt vom Eis zerdrückt zu werden. Es würde »der Umarmung des Eises entgleiten«, wie Nansen es selbst beschrieb. Die Idee war schlau, doch schön war die Fram deswegen nicht: Sie war breitbauchig und plump. Immerhin besaß sie schon eine Dampfmaschine als Antrieb.

SO WEIT, SO GUT. DOCH WÜRDE NANSENS KÜHNES VORHABEN GELINGEN?

DER KÜHNE EISRITT DER FRAM

Im Juni 1893 stach Nansen, gerade mal 32 Jahre alt, mit einer 12-köpfigen Crew auf der Fram in See. Bald gerieten sie ins Eis, froren ein, ohne zu zerbrechen, und begannen tatsächlich zu driften. Allerdings erst mal für eine Weile nur im Kreis.

Nansen stürzte das in tiefe Depression, denn er sah sich schon als Entdecker und Wissenschaftler widerlegt. Aber schließlich geriet das Schiff in eine andere Strömung – und der kühne Plan ging auf. Die kugelige Fram wurde vom Packeis nach oben gehoben und ritt geradezu auf dem Eis übers Meer. Sie trug NANSENS EXPEDITION so hoch in den Norden wie noch nie ein Schiff zuvor! Ein bahnbrechender Erfolg für den norwegischen Wissenschaftler.

Die Fram war ein klug konstruiertes Schiff. Ihre Außenwand war mit einer Wärmedämmung aus geteertem Filz, Kork, Tannenholzvertäfelung und luftdichtem Linoleum ausgestattet. Ob 0 °C oder -30 °C: Nansen brüstete sich damit, sie hätten auf ihrer Reise durch die Arktis nicht heizen müssen. Die Fram erwies sich als so taugliches Expeditionsschiff, dass der berühmte Entdecker Roald Amundsen mit ihr später noch zum Südpol fuhr. Nur einen Nachteil hatte das Wunderschiff: Wegen ihrer besonderen Form wankte die Fram so sehr im Seegang, dass selbst die hartgesottensten Seeleute regelmäßig über der Reling hingen.

Nicht nur die Fram wurde berühmt, sondern auch Nansen. Seine Drift-Expedition erwies sich als bahnbrechend. Nansen und seine Crew brachten einen Schatz an wissenschaftlichen, vor allem ozeanografischen Daten mit nach Hause.

Vor der Fram-Expedition dachte die Wissenschaft, der Arktische Ozean sei flach. Um die Tiefe zu messen, ließ Nansens Crew eine Lotleine hinab – und staunte nicht schlecht. Die Männer mussten alles an Seil und Draht an Bord zusammenknüpfen, weil das Lot lange nicht auf Grund stieß. Erst bei knapp 4000 Metern berührte es den Boden – was für eine Überraschung für die Entdecker!

Nansen war ein kluger Kopf und zog daraus Rückschlüsse, die man als Beginn der heutigen Klimaforschung bezeichnen könnte. Er meinte: Wenn der Ozean so viel tiefer war als erwartet, gab es hier im hohen Norden auch viel mehr Wasser. Und das musste bedeuten, dass der Arktische Ozean für das Klima auf der Erde ebenfalls viel wichtiger war als gedacht.

Nansen erkannte, dass wir die Ozeane der Welt und vor allem die Arktis noch lange nicht verstanden hatten.

DIE WINDMÜHLE AN DECK VERSORGTE DIE FRAM MIT STROM.

EIN GROSSER TAG

DAS SONNENFEST

Nach der Drift durch eine lange Polarnacht freute sich die Crew der Fram am 20. Februar 1894 auf einen »großen Sonnenfesttag« – die Wiederkehr der Sonne. Zur Feier gab es, wie Nansen in sein Tagebuch schrieb, »ein Diner von drei bis vier Gängen und ›Fram-Wein‹ alias Zitronensaft, Kaffee und später ›Fram-Kuchen‹; abends Ananas, Kuchen, Feigen, Bananen und Konfekt«. Er merkte dann selbst an, sie hätten sich beim Essen übernommen.

NANSENS WAGHALSIGER TRIP ZUM NORDPOL

Während Nansen 1895 durch das Eismeer driftete, hätte er eigentlich ganz zufrieden sein können, doch die Sache hatte einen Haken. Der Plan, direkt den Nordpol zu erreichen, schien nicht aufzugehen. Seit 18 Monaten war die Fram unterwegs, als Nansen feststellte: Sie drifteten wieder nach Süden – weg vom Nordpol!

Doch das sollte den ehrgeizigen Entdecker nicht aufhalten. Er entwickelte sofort den nächsten kühnen Plan: Begleitet von seinem Crewmitglied Hjalmar Johansen, 28 Hunden und ausgerüstet mit Kajaks und drei Schlitten, verließ er die Fram. Unglaublich, aber wahr: Nansen und Johansen wollten sich tatsächlich zu Fuß zum Nordpol durchschlagen.

Wochenlang stapften die beiden Männer Tag für Tag durch das Eis gen Norden. Sie sprangen mit ihrer Ausrüstung von Eisscholle zu Eisscholle und überlebten Begegnungen mit Eisbären. Sie wurden im Kajak beinahe von einem Walross versenkt, das seinen Zahn durch den Rumpf gerammt hatte.

Dennoch mussten sie Anfang April 1895 schweren Herzens aufgeben. Sie konnten das Eis nicht bezwingen. Sie mussten den ganzen Weg zurück – nur wohin? Die Fram war schließlich längst weitergedriftet.

Nach einer beschwerlichen Tour gelangten sie zum Archipel Franz-Josef-Land. Immerhin rechtzeitig vor Beginn der Polarnacht, deren Dunkelheit ihren sicheren Tod bedeutet hätte. In einem Loch im Boden, geschützt von Treibholz und Walrosshäuten, überstanden sie die Kälte des Winters. Sie ernährten sich nur von Eisbären und Walrössern. Ihre Hunde waren längst tot: Zunächst hatten sie die schwachen an die anderen verfüttert – das war einkalkuliert. Doch dann waren auch die anderen alle nach und nach gestorben.

Kurz bevor sie sich erneut auf den Weg machen wollten, geschah beinahe ein weiteres Unglück: Ihre Kajaks rissen sich los, mit der ganzen Ausrüstung an Bord. Nansen wusste, dies wäre ihr Ende, also sprang er ins eisige Wasser, rettete die Kajaks, und erlegte dabei angeblich sogar noch zwei Alkenvögel fürs Abendessen.

DAS ZUMINDEST SCHREIBT NANSEN IN SEINEM TAGEBUCH. DIE POLARFORSCHER VON DAMALS WAREN WIRKLICH MIT ALLEN ARKTISCHEN WASSERN GEWASCHEN.

Trotz der Strapazen überlebten Nansen und Johansen – nach langen 15 Monaten zu zweit im Eis. Obwohl sie sich an einen der abgelegensten Orte der Welt verirrt hatten, kam eine andere Expedition vorbei. Angeblich soll deren Expeditionsleiter beim Anblick des verwilderten Entdeckers gerufen haben: Sind Sie Nansen? Ich bin erfreut, Sie zu sehen!

RETTUNG

AUF EINER INSEL

Franz-Josef-Land ist die nördlichste Inselgruppe der Welt. Zu Nansens Zeiten war sie ein einsames, gefrorenes Eiland im Meer, bevölkert von Eisbären. Noch heute gibt es das Loch, in dem die beiden Entdecker gehaust hatten, und noch immer liegen das Treibholz darüber und ein Bärenknochen daneben, Überreste einer kargen Mahlzeit. Doch Franz-Josef-Land selbst hat sich verändert. Der Treibhauseffekt hat das Meereis, das früher auch im Sommer den Schiffen den Weg versperrte, viel weiter nach Norden zurückgedrängt.

ÜBRIGENS KAMEN AUCH DIE FRAM UND IHRE MANNSCHAFT NACH EINER DREIJÄHRIGEN DRIFT-EXPEDITION SICHER UND HEIL WIEDER ZU HAUSE AN.

EXPEDITIONS-LOGBUCH

← DER POLARSTERN

DATUM: 20.09.2019, TAG 1

POSITION: 69° NORD 18° OST

TEMPERATUR: 5,6 °C

Leinen los! Im Hafen der norwegischen Stadt Tromsø winken unsere Freunde und Familien, als wir mit der Polarstern gen Norden aufbrechen. Unser Kurs: die zentrale Arktis. Die alten Expeditionshasen unter uns sind ebenso gespannt wie die Neulinge. Wird unser Drift-Experiment gelingen, mit dem wir uns auf die Spuren von Fridtjof Nansen vor mehr als 125 Jahren machen?

DATUM: 22.09.2019, TAG 3

POSITION: 75° NORD 44° OST

TEMPERATUR: 1,2 °C

Gestern Nacht tanzte wunderschön das Nordlicht über uns am Himmel. Und unsere Reise wird uns noch weiter, hoch in den Norden führen.

DATUM: 25.09.2019, TAG 6

POSITION: 81° NORD 107° OST

TEMPERATUR: -1,3 °C

Krachen ist im ganzen Schiff zu hören: Wir haben die Eiskante erreicht. Vorsichtig bricht sich die Polarstern nun ihren Weg durchs Meereis.

DATUM: 27.09.2019, TAG 8

POSITION: 82° NORD 119° OST

TEMPERATUR: -2,1 °C

Eisbrecher-Rendezvous! Heute haben wir uns mit dem russischen Begleitschiff Akademik Fedorov getroffen. Mithilfe von Satellitenbildern machen wir uns nun gemeinsam auf die Suche nach einer geeigneten Eisscholle, in die wir die Polarstern einfrieren lassen. Wie lange wird es dauern, bis wir Erfolg haben?

DATUM: 29.09.2019, TAG 10

POSITION: 84° NORD 136° OST

TEMPERATUR: -4,7 °C

Mit dem Helikopter fliegen wir immer wieder über das Meereis. Unsere Piloten sind absolute Profis, die vorsichtig auf den Eisschollen landen. Anschließend wagen sich Wissenschaftsteams aufs Eis und testen mit Eisbohrern die Dicke der Scholle. Noch waren wir nicht erfolgreich: Das Eis ist noch dünner, als so manche von uns erwartet haben.

DATUM: 30.09.2019, TAG 11

POSITION: 85° NORD 137° OST

TEMPERATUR: -7 °C

Weiterhin sind wir auf der Suche nach einer geeigneten Scholle. Bislang war jede zu dünn und zerbrechlich, um unser Forschungscamp zu tragen. Kein Wunder, war doch der letzte Sommer einer der wärmsten, die je in der Arktis gemessen wurden.

DATUM: 01.10.2019, TAG 12

POSITION: 85° NORD 136° OST

TEMPERATUR: -7,1 °C

Weitere Schollenerkundungen, weiterhin kein Erfolg. Unser Team kommt aus aller Welt, doch egal, welche Sprache die Menschen sprechen, sie unterhalten sich über ein Thema: das schwindende Meereis.

DATUM: 04.10.2019, TAG 15

POSITION: 85° NORD 137° OST

TEMPERATUR: -13,4 °C

Das Satellitenbild einer Eisscholle sah vielversprechend aus. Und tatsächlich: Wir haben unsere Scholle gefunden! In den vielen kommenden Monaten wird sie nicht nur unser Forschungsobjekt, sondern auch unser Zuhause sein. Vorsichtig mussten wir mit dem Schiff in die Scholle hineinbrechen. Nun sind die Eisanker geworfen, die Polarstern beginnt einzufrieren. Unsere Drift hat begonnen!

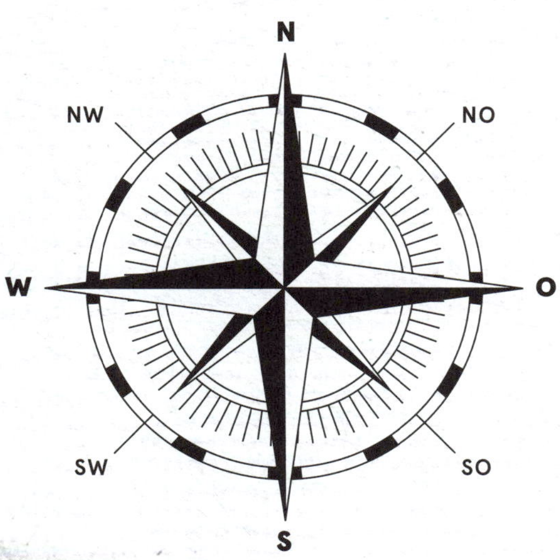

DATUM: 06.10.2019, TAG 17

POSITION: 5° NORD 133° OST

TEMPERATUR: -7,8 °C

Während unserer ersten Schritte auf der Scholle hat die Sonne nochmals über den Horizont geblinzelt, bevor sie für lange Zeit versunken ist. Nun beginnt ein Wettlauf gegen die hereinbrechende Polarnacht: Wir müssen das Eiscamp errichten, bevor es völlig dunkel ist.

DATUM: 09.10.2019, TAG 20

POSITION: 84° NORD 135° OST

TEMPERATUR: -14,3 °C

Mit Flaggen markieren wir sichere Wege auf dem Eis. Der Wind erschwert uns die Arbeit. Es wird nun stetig dunkler – und kälter.

DATUM: 11.10.2019, TAG 22

POSITION: 84° NORD 135° OST

TEMPERATUR: -12,3 °C

Eine Eisbärin und ihr Junges haben heute das Camp inspiziert. Wir mussten das Eis evakuieren – und waren doch fasziniert von diesem Besuch!

DATUM: 17.10.2019, TAG 28

POSITION: 84° NORD 132° OST

TEMPERATUR: -14,8 °C

Als wir gerade bei der Arbeit waren, gab es ein merkwürdiges Geräusch – und dann öffnete sich ein Riss mitten durch unsere Scholle. Wir behalten ihn besser genau im Auge.

DATUM: 24.10.2019, TAG 35

POSITION: 85° NORD 128° OST

TEMPERATUR: -15,3 °C

Geschafft! Pünktlich zum endgültigen Einbruch der Dunkelheit haben wir das Camp aufgebaut. Aber unsere Scholle ist unruhig, sie bricht und knarzt. Wenn wir nun mit der Forschung beginnen, müssen wir stets vorsichtig sein – das Eis ist immer in Bewegung.

DATUM: 27.10.2019, TAG 38

POSITION: 85° NORD 126° OST

TEMPERATUR: -22,6 °C

Gen Norden! Nachdem wir zuerst in Kreisen gedriftet waren, trägt uns das Meereis nun Richtung Nordpol!

DER EISBRECHER POLARSTERN

Die Polarstern wurde 1982 in Dienst gestellt und ist damit schon eine ältere Dame. Allerdings ist sie noch immer einer der besten Forschungseisbrecher der Welt und nicht nur das Flaggschiff des Bremerhavener Alfred-Wegener-Instituts, sondern der gesamten deutschen Polarforschung.

Während der Expedition ist sie für 100 Menschen ein sicheres Zuhause mitten im arktischen Eis. Hier wohnen, schlafen und essen sie. Aber die Polarstern ist auch ausgestattet mit hochmodernen Geräten und verschiedenen Laboren und dient den Wissenschaftlerinnen und Wissenschaftlern als Arbeitsplatz, um ihre Forschung zu betreiben. Und: Als Eisbrecher kann sie in Regionen vorstoßen, wo andere Schiffe längst keinen Weg mehr durch das gefährliche Packeis finden.

118 METER LANG

1 BUG
Die Polarstern kann 1,5 Meter dickes Eis durchfahren. Wenn sie auf noch dickeres Eis stößt, bahnt sie sich durch Rammen ihren Weg. Der Bug ist mit Stahlplatten verstärkt. Durch ihre dicke Stahlhülle ist die Polarstern sehr schwer und hat 11 Meter Tiefgang.

2 PROVIANTLAGER
Hier lagert das Essen für 100 Leute an Bord.

3 KOMBÜSE
In der Schiffsküche kochen der Smutje, also der Schiffskoch, und sein Team das reichhaltige Essen. Selbst die Brötchen zum Frühstück werden frisch gebacken.

4 BLAUER SALON
In diesem Raum finden wichtige Treffen statt. Außerdem birgt er eine Bibliothek, in der man historische Werke zur Polarforschung lesen kann.

5 MESSE
Messe bezeichnet in der Seemannssprache den Speise- und Aufenthaltsraum. Gutes Essen ist sehr wichtig auf einer anstrengenden Expedition im Eis.

6 MEDIZINISCHE STATION
Schiffsarzt oder Schiffsärztin und Krankenschwester kümmern sich um mögliche Verletzte und Kranke. Es gibt sogar einen voll ausgestatteten OP-Raum – schließlich ist die Expedition zu weit vom Festland weg, um einen Notfall schnell ins nächste Krankenhaus zu fliegen.

7 PEILDECK
Die Spezialinstrumente hier oben auf dem Dach der Brücke senden wichtige Daten für die Navigation des Schiffs an Satelliten.

8 KRÄHENNEST
Auf dem höchsten Beobachtungspunkt der Polarstern können Menschen und Technik die Umgebung im Blick behalten und zum Beispiel Wale und das Meereis beobachten.

9 LABORE
Mit verschiedenen Analysegeräten werten die Forschenden an Bord Daten aus.

10 EISLABORCONTAINER
Hier lagern die Eisproben der Wissenschaftler bei kalten -20 °C, damit sie nicht schmelzen. Im arktischen Winter ist es hier drin sogar wärmer als draußen.

11 ARBEITSDECK
Von hier werden wissenschaftliche Geräte zu Wasser gelassen. Damit sich kein rutschiges Eis auf dem Boden bildet, wärmt eine Fußbodenheizung die Bodenplanken.

12 WINDEN
Mit ihnen kann man Geräte Tausende Meter tief ins Wasser hinablassen.

13 GROSSER KRAN
Der Kran hebt bis zu 25 Tonnen aufs Eis: Geräte, Container und sogar Pistenraupen.

14 MASCHINENRAUM
Die vier Hauptmaschinen haben zusammen stolze 20.000 PS. Zum Vergleich: Ein modernes Auto hat durchschnittlich nur rund 150 PS. Ein Mensch tritt mit etwa 0,1 PS in die Pedale eines Fahrrads, wenn er gemütlich fährt.

15 LADERAUM
Im Schiffsbauch ist Platz für enorme Mengen an Fracht. Damit kein Chaos entsteht, gibt es einen ausgeklügelten Ladeplan.

16 BRÜCKE
Die Brücke ist die Kommandozentrale, von der aus der Kapitän und seine Crew das Schiff steuern und immer konzentriert das Meer oder das Eis beobachten.

17 GROSSE SCHEINWERFER
In der Polarnacht sind die Scheinwerfer eine der wenigen, aber mächtigen Lichtquellen.

18 BORDWETTERWARTE
Hier werden die wichtigen Wettervorhersagen erstellt. So weiß die Polarstern-Crew, ob sie sicher auf dem Eis arbeiten kann oder ob ein Sturm aufzieht.

19 HELIDECK
Auf der Polarstern ist Platz für zwei Helikopter.

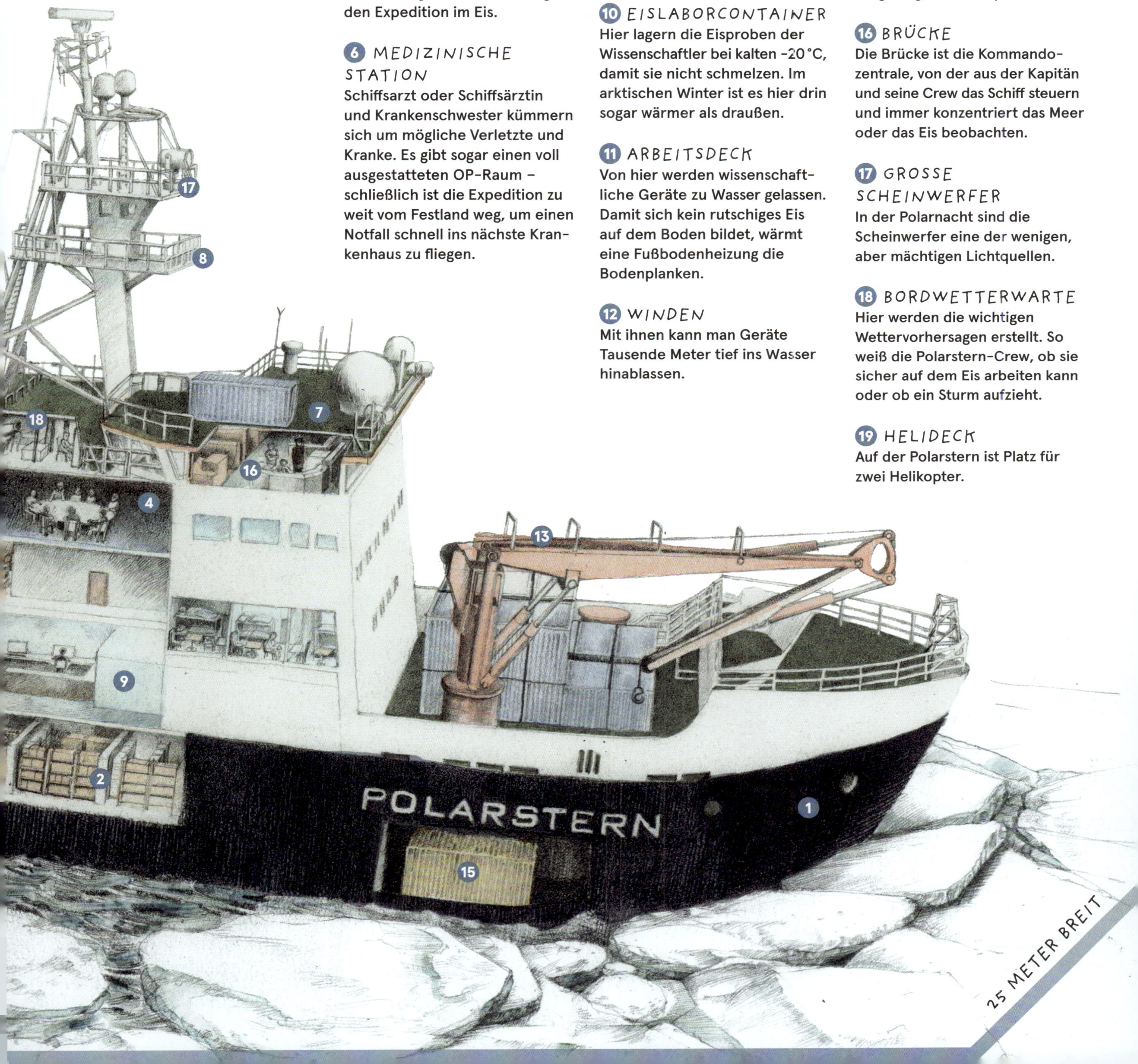

TEAM POLARSTERN

Polarexpeditionen sind auch heute noch ein großes Abenteuer. Eine gesunde Mischung aus Mut, Vorsicht und auch Erfahrung ist wichtig, um die extreme Welt der Arktis zu erforschen. Das Team der Polarstern ist kunterbunt: Seine Mitglieder sind verschiedensten Alters, unterschiedlichster Herkunft und haben die verschiedensten Berufe.

MITGLIED DER MASCHINENCREW

INGENIEURE UND MECHANIKER KÜMMERN SICH UM DIE MÄCHTIGEN DIESELMOTOREN DER POLARSTERN. SIE HÖREN UND TASTEN MIT DEN FINGERN, OB DIE MOTOREN »RUND«LAUFEN.

2. OFFIZIER

ER IST AUCH DER SICHERHEITSEXPERTE UND BEHÄLT ALLE GEFAHREN IM BLICK.

FUNKER

OFFIZIELL HEISST ER KOMMUNIKATIONSOFFIZIER, ABER FUNKER KLINGT EINFACH BESSER. ER KÜMMERT SICH UM DIE VERBINDUNG ZUR AUSSENWELT, MEIST ÜBER SATELLITEN.

KAPITÄN

ER TRÄGT DIE VERANTWORTUNG FÜR SCHIFF UND CREW UND IST MEIST AUF DER BRÜCKE ZU FINDEN.

BÄCKERIN

ALLE LIEBEN SIE, DENN SIE ZAUBERT BRÖTCHEN UND KUCHEN.

EXPEDITIONSLEITER

DER KOPF DER GRÖSSTEN ARKTIS-EXPEDITION ZU SEIN BEDEUTET, VIELE WICHTIGE ENTSCHEIDUNGEN ZU TREFFEN, ETWA ZUR FORSCHUNG ODER AUCH ZUM AUFBAU DES EISCAMPS.

1. OFFIZIER

GEMEINSAM MIT DREI NAUTIKERN HAT ER ABWECHSELND WACHDIENST AUF DER BRÜCKE. EIGENTLICH FAHREN SIE DAS SCHIFF. DER KAPITÄN ÜBERNIMMT NUR IN SCHWIERIGEN SITUATIONEN.

KRANKENSCHWESTER

SIE IST DIE RECHTE HAND DES ARZTES ODER DER ÄRZTIN. KLEINE BLESSUREN BEHANDELT SIE ABER SELBST.

MATROSE

DIE MITGLIEDER DER SCHIFFSCREW BEDIENEN DIE GROSSEN GERÄTE WIE KRAN UND WINDEN UND UNTERSTÜTZEN DIE FORSCHUNG MIT HARTER ARBEIT.

KOCH

DIE KÜCHENCREW IST, SO MUNKELN DIE MATROSEN, DAS WICHTIGSTE TEAM AN BORD.

SCHIFFSKÜCHENCHEF

LEITERIN TEAM ÖKOSYSTEM

BOOTSMANN

ER HÄLT DIE TECHNISCHE AUSRÜSTUNG DER POLARSTERN INSTAND.

CHEFSTEWARDESS

SIE LEITET DIE STEWARDS UND STEWARDESSEN AN, DIE SICH UM DIE MENSCHEN AUF DEM SCHIFF KÜMMERN. IM BORDKIOSK VERKAUFT SIE AUCH SCHOKOLADE.

BÄRENWACHEN

AUF DEM EIS HÄLT IMMER JEMAND BÄRENWACHE, DAMIT KEIN EISBÄR DEN MENSCHEN ZU NAHE KOMMEN KANN.

STEWARDESS

EXPEDITIONSBANNER

GROSSE EXPEDITIONEN HABEN EIN EIGENES BANNER. DER NAME VON DIESER LAUTET MOSAIC. DAS PASST SEHR GUT ZUM MOSAIK AUS EISSCHOLLEN, AUF DEM DAS FORSCHUNGSCAMP STEHT.

MITGLIED DER SCHIFFSWÄSCHEREI

SYSMAN

DIE EIGENTLICHE BEZEICHNUNG LAUTET SYSTEMADMINISTRATOR. ER KÜMMERT SICH UM DIE IT AUF DEM SCHIFF.

FRÜHER FELL, HEUTE

Gute Vorbereitung ist alles. Am Nordpol gibt es schließlich weder Baumarkt noch Klamottenladen, sollte man den dringend benötigten Eisbohrer oder die lange Unterwäsche zu Hause vergessen haben.

NANSEN WAR SO WARM ANGEZOGEN, DASS ER 1894 IN SEIN TAGEBUCH SCHRIEB:

FRIDTJOF NANSEN, IM JAHR 1894

Nansen und seine Crew hatten keine moderne Hightech-Kleidung. Aber sie hatten genau studiert, wie die Ureinwohner der Arktis sich anziehen: Vor Kälte schützt das Zwiebelprinzip. Zwischen den einzelnen Kleiderschichten bilden sich Luftpolster, die gegen Kälte isolieren.

Nansen spannte für Trips über das Eis die Hunde vor den Schlitten. Das Team der Polarstern hingegen steigt auf schnelle Schneemobile. Für weitere Strecken setzt es auf den Helikopter. Sportliche fahren aber auch gerne mal mit Skiern über die Eisscholle.

HIGHTECH

POLARSTERN-FORSCHERIN, IM JAHR 2020

DINGE, DIE MAN AUF DEM EIS IMMER DABEIHABEN SOLLTE:

SEIL – für Rettungsaktionen aus dem Eismeer

MESSER – immer hilfreich in der Wildnis

STIRNLAMPE – praktisch beim Arbeiten in der Polarnacht, um die Hände frei zu haben

SIGNALPISTOLE, GEWEHR – um Eisbären zu verscheuchen

FUNKGERÄT – um mit der Polarstern in Kontakt zu bleiben

BLEISTIFT UND NOTIZ-BLOCK – weil Kugelschreiber in der Kälte nicht funktionieren

THERMOSFLASCHE – mit heißem Getränk, um sich zwischendurch mit einem großen Schluck aufzuwärmen

SCHOKOLADE – als schnelle Stärkung bei der anstrengenden Arbeit auf dem Eis

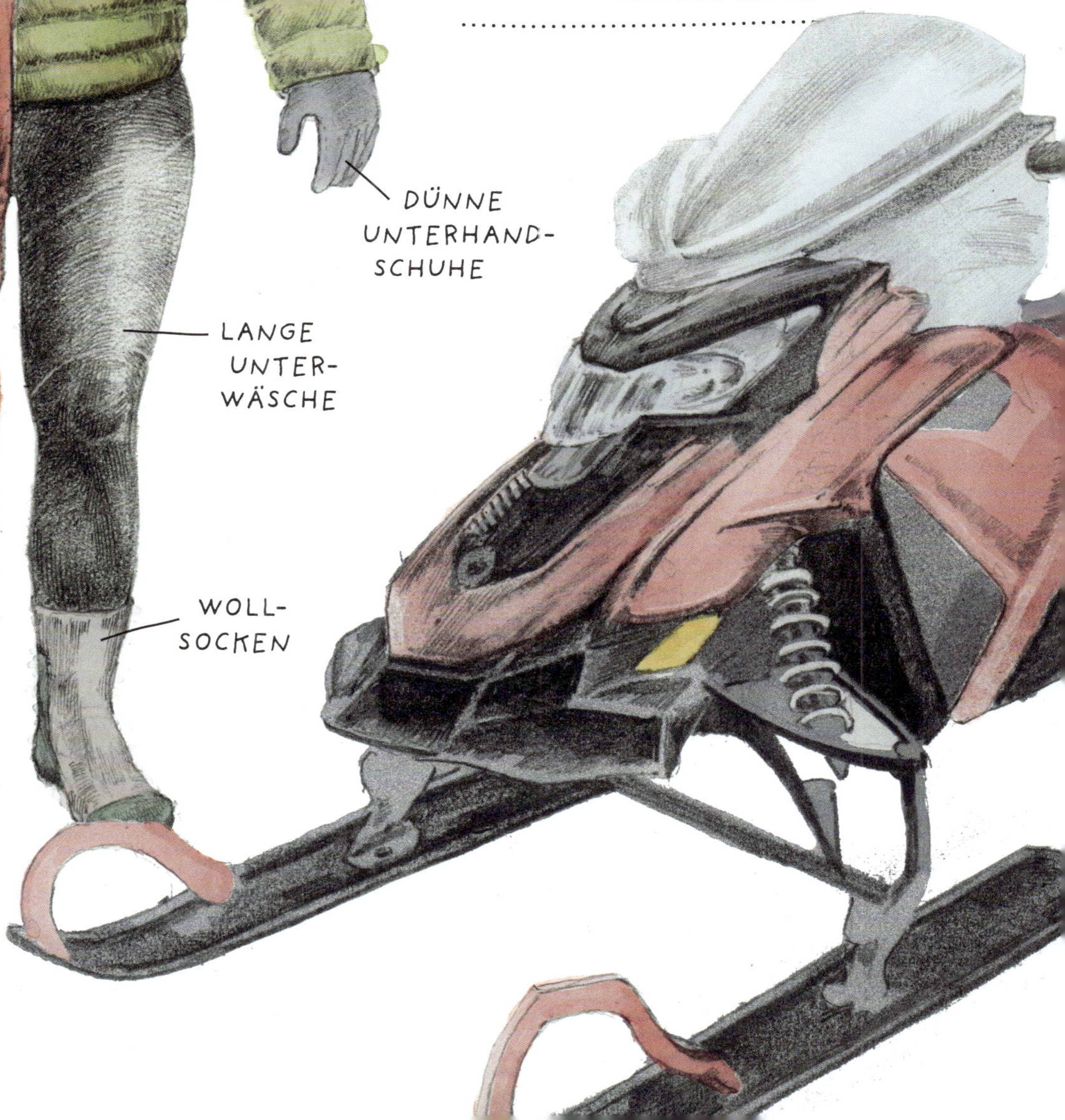

NR. 3

LEBEN AN BORD
EINES EISBRECHERS

9. OKTOBER 2019

Polarforschung ist oftmals ein echter Knochenjob. Brüchiges Eis, Sturm, Kälte, Eisbären, durch Tiefschnee stapfen ... das fordert Achtsamkeit und ist körperlich anstrengend. Aber die Polarstern bietet auch viele Möglichkeiten, sich zwischendurch richtig schön zu entspannen.

WER HUNGER HAT, FRIERT. EIN GUT GEFÜLLTER BAUCH IST DESWEGEN BESONDERS WICHTIG IN DER ARKTIS. VIER MAL AM TAG GIBT ES ESSEN IN DER MESSE.

Menu

FRÜHSTÜCK
frisch gebackene Brötchen mit allerlei Belag, Müsli

MITTAGESSEN
Frikadelle oder Gemüsefrikadelle mit Bratkartoffeln und Gemüse

NACHMITTAGS
Kaffee, Tee und Kuchen ← SELBST GEBACKEN, VERSTEHT SICH

ABENDESSEN
Frische Brötchen mit kalten Platten, dazu Gemüse

WENN NOCH FRISCHER PROVIANT AN BORD IST

SONNTAGS WIEDER »WIEGECLUB«!

DA DAS ESSEN AUF DER POLARSTERN SO GUT IST, FUTTERT MAN SICH AN BORD SCHNELL »EXPEDITIONSSPECK« AN. WER BEIM WIEGECLUB MITMACHT, SCHÄTZT ERST SEIN GEWICHT – UND WER FALSCHLIEGT, ZAHLT 50 CENT IN DIE KASSE. WENN WIR WIEDER ZU HAUSE SIND, SPENDEN WIR DAS GELD FÜR EINEN GUTEN ZWECK.

LÄNDERVORWAHLEN

RUSSLAND: +7
DEUTSCHLAND:
SCHWEDEN: +4
NORWEGEN: +4
SCHWEIZ: +41
USA: +1
JAPAN: +81
ÖSTERREICH: +
BELGIEN: +32
DÄNEMARK: +
FINNLAND: +3
FRANKREICH:
NIEDERLANDE
POLEN: +48
EN: +34
NIGTES KÖNIGREI
DA: +1
REPUBLIK CHINA
REA: +82

WER BESONDERS AUF DAS KLIMA ACHTEN WILL, WÄHLT EIN FLEISCHLOSES GERICHT, WEIL PFLANZLICHE PRODUKTE BESSER FÜRS KLIMA SIND.

SCHLÜSSEL GEFUNDEN →

ANRUF AUS DER ARKTIS
Astronauten auf der Raumstation ISS können mit ihren Familien auf der Erde über Videotelefonie sprechen. Doch die Verbindung in die zentrale Arktis ist mangels Satelliten viel schlechter als zur Raumstation – schließlich driftet die Polarstern auch weiter weg von der Zivilisation, als die ISS fliegt. Nur über knarzende Satellitentelefone können wir unsere Familien zu Hause anrufen.

9 JANUAR

~~DONNERSTAG~~

SEEMANNSSONNTAG

Der Donnerstag gilt auf See als Seemannssonntag. Das bedeutet: Heute ist das Essen besonders reichhaltig – auch auf der Polarstern wahren wir diese Tradition. Morgens dürft ihr euch eure Lieblingseierspeise auswählen, egal ob Spiegelei oder Omelette. Zum Nachtisch gibt's heute Eis!

ABSOLUTES KRÜMELVERBOT! AUF DEM EIS DARF NICHT GEGESSEN WERDEN. ESSENSRESTE KÖNNTEN EISBÄREN ANLOCKEN!

POLAR-PROVIANT
Um in der Arktis zu überleben, lagern wir riesige Mengen Proviant an Bord. Leider halten sich frisches Obst und Gemüse nur begrenzt. Frische Eier bleiben aber monatelang genießbar, auch da wir sie wöchentlich umdrehen.

HABE GERADE GEDREHT 11.11., DER KAPITÄN

MACHT MAL PAUSE
Auf der Expedition wird rund um die Uhr gearbeitet. Aber wer mal Abwechslung sucht, hat viele Möglichkeiten:

DIE SAUNA IST EINE ECHTE WOHLTAT NACH EINEM TAG IM EIS.

HABT IHR GESTERN DIESEN IRREN STERNENHIMMEL GESEHEN?

KOJE UND KAMMER
Immer zwei Passagiere teilen sich ein Zimmer, in der Seemannssprache »Kammer« genannt. Jede Kammer hat ein eigenes Badezimmer mit Dusche. Wer auf dem Eis auf Toilette muss, muss einen speziellen Beutel verwenden oder aufs Schiff zurück.

WARM, ZUM GLÜCK!

12. JANUAR BITTE EINTRAGEN!

Schmökern in der Bord-Bibliothek: FOLKE M., SEBASTIAN G.

Wasserbasketball im Bordpool: BJELA K., ESTHER H.

Schwitzen in der Sauna: YING-CHIH, BORIS C.

Fußballspielen auf dem Eis vor der Polarstern:

Vorträge im Hörsaal: EGOR S., STEFFI A.

Den Polarhimmel beobachten:

Zum Friseur gehen: LISA G.

WILDPINKELN AUF DEM EIS IST STRENGSTENS VERBOTEN!

TORWART GESUCHT!

WENN MAN DER FRISIERKUNST DES BOOTSMANNS VERTRAUT ☺

ARBEITSALLTAG IM EIS

Ein Expeditionstag ist lang. Auch am Wochenende wird gearbeitet, es gibt immer etwas zu tun – vor allem für die Schiffscrew, die die Polarstern in Gang hält. Doch auf dem Meereis gibt es zahlreiche Risiken. Deswegen ist es wichtig, sich genau an die Regeln zu halten – sonst kann es in der Arktis gefährlich werden.

VORSICHT, GLÄTTE!

Vom Schiff gelangt man entweder über die Gangway hinab oder, wenn die Scholle sehr instabil ist, über einen Korb, den der Kran aufs Eis hievt. Dieser Korb wird »Mummy Chair« genannt – Mumienstuhl. Achtung, an Deck und auf der Gangway kann es glatt sein!

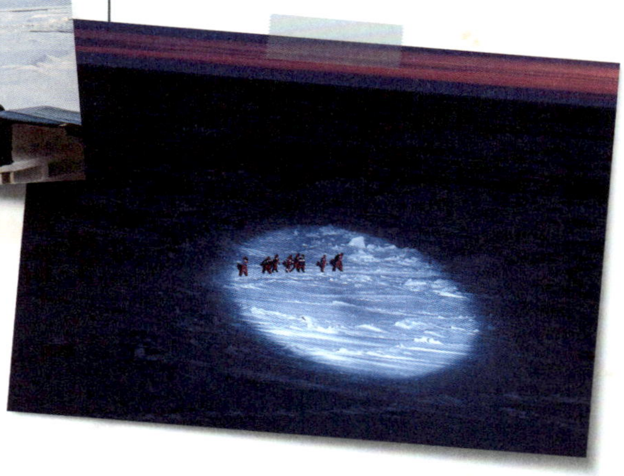

DIE WICHTIGSTEN EXPEDITIONSREGELN

- Sicherheit kommt zuerst – immer und überall!
- Immer die Ruhe bewahren
- Einen Plan B haben, am besten auch einen Plan C und D. Denn in der Arktis kann immer alles anders kommen, als man denkt.
- Nie allein aufs Eis gehen
- Immer auf die anderen achten
- Genügend essen, trinken und schlafen, um fit zu sein
- Vor Aufbruch prüfen, ob die Ausrüstung vollständig ist

NIE OHNE DIE BEGLEITUNG EINER BÄRENWACHE AUFS EIS GEHEN!

Wenn das Schiffshorn ertönt, herrscht Eisbär-Alarm. Dann müssen alle sofort zurück aufs Schiff!

ACHTUNG, KÄLTE!

Eisbären sind eindrucksvoll, aber nicht die größte Gefahr in der Arktis. Es ist die Kälte. Erfrierungen gehören zu den größten Risiken während einer Polarexpedition. Besonders gefährdet sind Gesicht und Finger. Eine Erfrierung fühlt sich zunächst an wie Nadelstiche, die Haut wird weiß und wirkt bei Berührung kalt und taub. In schlimmeren Fällen verfärbt sie sich blau oder gar schwarz. Das Gewebe stirbt ab. Also immer nur in vollständiger Polarkleidung hinaus an Deck oder aufs Eis – und vor allem auch Finger und Gesicht gut gegen die Kälte schützen!

VORSICHT VOR HYPOTHERMIE!

Eine Unterkühlung des Körpers, die sogenannte Hypothermie, ist lebensgefährlich. Dabei sinkt die Kerntemperatur des Körpers auf unter 35 °C. Nach anfänglichem Frieren und Zittern werden Betroffene oft müde und teilnahmslos. Sie verstehen nicht mehr, dass sie erfrieren – was die Hypothermie noch gefährlicher macht. Deswegen darf niemand während der Expedition allein aufs Eis.

KÄLTER ALS KALT – DENKT AN DEN WINDCHILL!

In der Arktis kann es bis zu -45 °C kalt werden. Aber wenn der Wind auf den Körper trifft und die warme Luftschicht über der Hautoberfläche wegbläst, kann es sich je nach Windstärke viel kälter anfühlen: -60 °C oder noch kälter. Diesen Effekt nennt man Windchill. Solche extremen Temperaturen fühlt man nicht nur als Kälte, sondern als starken Schmerz. Die Kleidung muss deswegen möglichst winddicht sein.

ORIENTIERUNG BEHALTEN!

Da sich Eis und Ozean zu allen Seiten erstrecken, verliert man in der Arktis Orientierung. Vor allem, wenn auch noch Wetter und Sicht schlecht sind Nacht und Nebel könn in der Arktis wahrhaft undurchdringlich sein Umso wichtiger ist de genau das Wetter zu beobachten und der Wetterbericht der Bordmeteorologie zu folgen. Das Wett kann sich in der Ar nämlich rasend sc ändern - und wer Schiff oder verge entfernt ist, gerä Lebensgefahr. A auch ein selbst »Eisnavi«, das Schiff anzeigt.

ÜBERLEBENSBOX MITNEHMEN!

Jedes Team, das sich weit aufs Eis oder sogar aus dem Forschungscamp hinauswagt, muss eine Überlebensbox mitnehmen. Darin sind zum Beispiel: Erste-Hilfe-Set, Signalgerät, Fallschirmsignalrakete, Schlafsack, selbstwärmende Rettungsdecke, Trockenanzug, Wollmütze, Stiefelsocken, Kocher, Notproviant, Rauchsignal, Schneesäge, Kochgeschirr, schwimmfähige Taschenlampe, Sturmstreichhölzer. Außerdem enthält sie einen Signalspiegel mit Peilstab, um ein Suchflugzeug über die Spiegelreflexion auf sich aufmerksam zu machen.

TAGESPLAN

07:00	TAGESBESPRECHUNG ZWISCHEN KAPITÄN, WISSENSCHAFTLICHEM LEITER, OFFIZIEREN UND ARZT
07:30	FRÜHSTÜCK IN DER MESSE
08:00	BEGINN DER EISBÄRENWACHE AUF DER BRÜCKE
08:15	WETTERBERICHT FÜR ARBEITEN AUF DEM EIS UND EINSÄTZE DER HELIKOPTER
08:30	KURZE BESPRECHUNG: HAT DAS TEAM GRÜNES LICHT FÜR DEN AUSSENEINSATZ?
08:35	DIE ARBEITEN AUF DEM EIS BEGINNEN
11:30	MITTAGESSEN IN DER MESSE
13:00	ERNEUTE ARBEITEN AUF DEM EIS
15:30	KAFFEEPAUSE, UM SICH AN BORD AUFZUWÄRMEN UND SICH ZU STÄRKEN
17:30	SPÄTESTE RÜCKKEHR DER GESAMTEN TEAMS AUFS SCHIFF – JETZT MÜSSEN WIRKLICH ALLE AN BORD KOMMEN
17:30	ABENDESSEN IN DER MESSE
18:30	TÄGLICHE BESPRECHUNG ZWISCHEN ALLEN FORSCHENDEN UND DEM KAPITÄN, UM DIE WEITEREN ARBEITEN ZU PLANEN
ab 19:00	VIELE WEITERE WISSENSCHAFTLICHE BESPRECHUNGEN

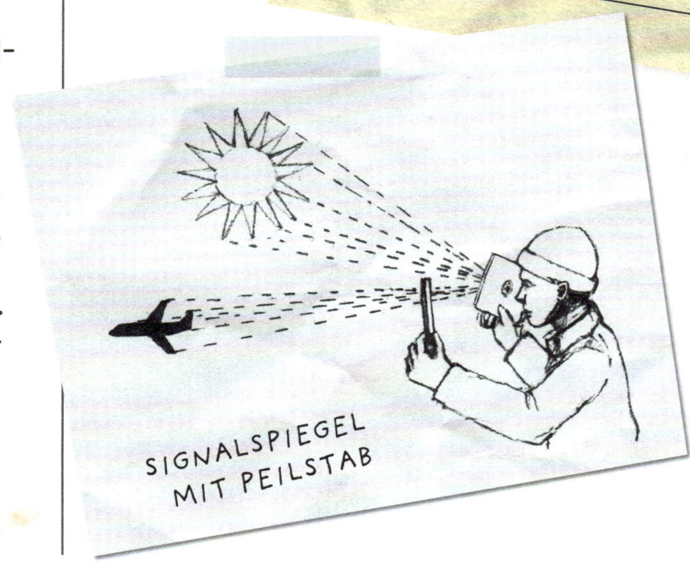

TEAMWECHSEL AM NORDPOL

Ein Jahr im Eis ist eine lange, wirklich sehr lange Zeit. Die 100 hart arbeitenden und deswegen hungrigen Menschen an Bord sorgen zudem dafür, dass sich die riesigen Frachträume der Polarstern schnell leeren. Ebenso wie die Treibstofftanks.

Zwar bewegt sich das Schiff allein durch die EISDRIFT vorwärts, doch selbst die gut isolierte Polarstern muss bei den arktischen Außentemperaturen ein wenig heizen. Alle zwei bis drei Monate versorgen deswegen weitere Schiffe den eingefrorenen Eisbrecher. Und auch das Team wird von einer neuen Crew abgelöst. Ein solches Treffen zwischen Schiffen mitten im Meereis erfordert einen ausgefeilten Plan. Doch einmal sieht es beinahe so aus, als könnte das Eis dem Austausch einen Strich durch die Rechnung machen.

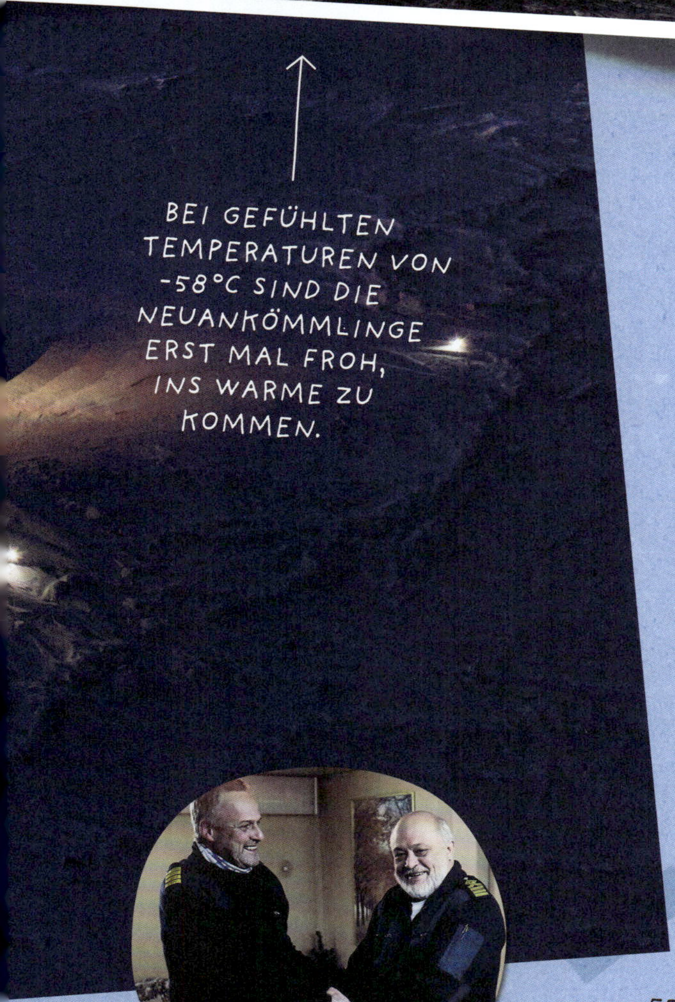

BEI GEFÜHLTEN TEMPERATUREN VON -58 °C SIND DIE NEUANKÖMMLINGE ERST MAL FROH, INS WARME ZU KOMMEN.

FREUDIG BEGRÜSSEN SICH DIE KAPITÄNE DER EISBRECHER.

KAMPF MIT DEM EIS

Mitten in der Polarnacht kämpft sich der russische Versorgungseisbrecher KAPITAN DRANITSYN mühsam vorwärts. Das Meereis ist so fest, dass das Schiff kaum vorankommt. Und die Crew weiß: Selbst ein Eisbrecher kann am Packeis scheitern. Wenn die Kraft der gewaltigen Maschinen nicht ausreicht, um das Eis zu durchfahren, versucht es das Schiff mit RAMMEN: Es setzt erst zurück, nimmt dann wieder Fahrt auf und bricht mit Schwung in die Scholle hinein. Viele solcher Anläufe können nötig sein, um durch festes Packeis vorzustoßen. Deswegen folgen Eisbrecher eher den Rissen und Kanälen in der Schollenlandschaft, die sich immer wieder durch die Eisdrift auftun. Das spart Energie. Doch während die Kapitan Dranitsyn sich so nur langsam ihren Weg bahnt, passiert es immer wieder, dass die Eisdrift die Polarstern längst weitergeschoben hat. Dann muss sich die Kapitan Dranitsyn einen neuen Kurs suchen.

ANKUNFT AN DER SCHOLLE

Auf der Polarstern macht sich Unruhe breit. Wird es das VERSORGUNGSSCHIFF durch das Eis schaffen? Schließlich aber erscheint ein heller Punkt am Horizont: Die Kapitan Dranitsyn hat es geschafft – eine seefahrerische Meisterleistung des russischen Kapitäns und seiner Crew. Langsam nähert sich das Versorgungsschiff der Scholle mit der eingefrorenen Polarstern. Hier ist erneut Vorsicht geboten, denn das Eiscamp darf nicht beschädigt werden. Schließlich macht das russische Schiff beinahe einen Kilometer entfernt an der Scholle fest. So steht nun die nächste Herausforderung an: Schaffen es Crew, Proviant und Ausrüstung heil über das Eis? Immerhin herrschen durch den eisigen Wind klirrend kalte -58 °C.

Eingehüllt in viele Schichten von Polarkleidung, schultern die Forscherinnen und Forscher ihre Rucksäcke und machen sich zu Fuß auf den Weg. EISBÄRWACHEN halten Ausschau nach den großen Raubtieren, doch seit Monaten wurde nur ein einziger Bär in der Finsternis des Winters gesehen. Auch Schneemobile und sogar zwei Pistenraupen kommen zum Einsatz. Mit Schlitten ziehen sie die schwerste Fracht über die Scholle – eine knifflige Sache.

So sind nach all der Aufregung alle froh, als nach einigen Tagen der Austausch vollbracht ist. Was aber haben die neuen Teammitglieder auf dem Eis zu erwarten? Wie funktionieren die Geräte im Eiscamp? Gibt es wertvolle Erfahrungen, um sich vor Eisbären zu schützen? Das neue Team lässt sich in seine Aufgaben genau einweisen. Als es schließlich für die »alte« Crew Abschied nehmen heißt, sind viele traurig, ihre Polarstern im Eis zurückzulassen. Doch das neue Team wird hier für die kommenden Monate zuverlässig die Stellung halten – ganz allein dort draußen in der Weite der Arktis.

KLIMA-FORSCHUNG IM EIS

DIE POLARSTERN SCHREIBT GESCHICHTE

Fest umschlossen von den Eismassen, driftet die Polarstern über den Arktischen Ozean. Zunächst durchquert sie die langen, klirrend kalten und stockfinsteren Wintermonate der Polarnacht. Am 24. Februar 2020 geht sie mit einem Rekord in die Geschichte der Polarforschung ein: Die Polarstern erreicht eine Position von 88°36′ Nord. Damit ist sie nur noch 156 Kilometer vom Nordpol entfernt!

NIE ZUVOR HAT ES EIN SCHIFF IM WINTER SO NAH AN DEN NORDPOL GESCHAFFT. AUCH NICHT NANSENS FRAM.

FORSCHUNG IN DER FINSTERNIS

In dieser Zeit sind die Scheinwerfer der Polarstern und die Taschen- und Stirnlampen der Männer und Frauen der Expedition die einzigen Lichtquellen, die die eisige Landschaft erhellen. Hinter dem Lampenschein wartet die absolute Schwärze der POLARNACHT. Nur wenn der Mond sich zeigt, offenbart sich die bizarre, jeden Tag neu geformte Landschaft aus Eis vor den Augen der Menschen. Oftmals erscheint ihnen die silbrig-graue Umgebung unter dem schwarzen Himmel selbst wie die Oberfläche des Mondes.

Täglich gehen die Forscherinnen und Forscher ans Werk. Weder die Kälte noch der oft heftige Wind, der die Schneeflocken zu kleinen, schmerzhaften Geschossen macht, hält sie von ihrer Arbeit auf dem Meereis ab. Mit Schneemobilen, hölzernen Nansenschlitten und Skiern fahren sie übers Eis zu den einzelnen Stationen und Messgeräten des Forschungscamps. Manchmal fliegen sie mit dem Helikopter hinaus, um eine weit entfernt driftende, vom Meereis in Bedrängnis geratene Messboje zu reparieren. Nur wenn sich Eisbären dem Camp nähern oder die Stürme allzu sehr übers Meereis tosen, gehen sie nicht nach draußen, um zu messen und zu dokumentieren, um Eisbohrungen durchzuführen und Wasserproben einzuholen, die sie in den Laboren des Schiffs analysieren. Das Meereis macht ihnen an vielen Tagen die Arbeit nicht einfach. Immer wieder bricht die Eisscholle unter der Kraft von Wind und Meeresströmungen auseinander. Manchmal machen sich ganze Campteile selbstständig und driften mitsamt Zelt und Ausrüstung davon. Wenn die Forscherinnen und Forscher morgens aus ihren Kojen blicken, sieht das Camp manchmal vollkommen anders aus als noch am Abend zuvor.

Doch Risse im Eis und Stürme, Driftbewegung und all die anderen Interaktionen von Meereis, Atmosphäre und Ozean sind genau jene Ereignisse, auf die sie gewartet haben. Zum ersten Mal in der Geschichte der Polarforschung können sie all das so ausführlich erkunden.

DIE DRIFT UNTER DER MITTERNACHTSSONNE

Schließlich zeigt sich Ende Februar ein erster Lichtstreif am Horizont. Erst ganz zart, dann immer rötlicher und stärker, und zuletzt kehrt die Sonne zurück ins Reich des arktischen Eises. Dann steht die gleißende MITTERNACHTSSONNE am Himmel und wird für ein halbes Jahr nicht mehr untergehen.

Während der zweiten Hälfte der Expedition forschen die Frauen und Männer auf der Polarstern im Licht. Ihre Umgebung erstrahlt in eisigem Weiß und schließlich, wenn die Schmelzsaison beginnt, in immer mehr Blau- und Grüntönen. Unter dem Licht der Sonne kommt Farbe in das vermeintlich ewige Weiß der Arktis – und dann explodiert in dieser fremdartigen Welt das Leben.

DIE FORSCHERINNEN UND FORSCHER UNTERSUCHEN EIS, SCHNEE UND WASSEROBERFLÄCHE. IHRE MESSUNGEN REICHEN ABER AUCH BIS ZU 4297 METER IN DIE TIEFE DES OZEANS – UND GANZE 36.278 METER IN DIE HÖHE DER ATMOSPHÄRE.

DER »GUTE« TREIBHAUSEFFEKT

Klimaforschung dreht sich häufig um die Frage, wie der Klimawandel die Erde verändert. Diese Veränderungen haben mit dem Treibhauseffekt zu tun, und der gilt gemeinhin als ein Problem. Und das aus gutem Grund. Aber wusstest du, dass es ohne Treibhauseffekt gar kein Leben auf unserem Planeten gäbe?

Die Entdeckung des Treibhauseffekts, oder besser: seiner »guten« Seite, ist noch gar nicht so lange her. Im Jahr 1824 wunderte sich ein gewisser Joseph Fourier, Physiker von Beruf, über die Erdtemperatur. Er kam zu dem Schluss: Angesichts der Sonnenstrahlung, die auf die Erde trifft, müsste es eigentlich viel kälter sein. Doch damals wie heute liegt die Durchschnittstemperatur auf unserem Planeten bei ungefähr 15 °C.

NICHT ZU WARM, NICHT ZU KALT, UND GENAU RICHTIG FÜR VIELFÄLTIGES LEBEN.

Merkwürdig, dachte Fourier. Bis ihm die Lösung des Rätsels in den Sinn kam: Es musste etwas mit der Gashülle der Erde zu tun haben, also mit der Atmosphäre. Damit hatte Fourier den sogenannten NATÜRLICHEN TREIBHAUSEFFEKT entdeckt. Ihm verdanken wir, dass unser Planet so ein lebensfreundliches Klima besitzt. Und wie der Name schon sagt, funktioniert die Erde tatsächlich ähnlich wie ein Gewächshaus.

WAS TUT EIGENTLICH … EIN KLIMAFROSCH?

Der berühmte Wetterfrosch beobachtet den Himmel und sagt das Wetter der nächsten Tage voraus. Unter »Wetter« versteht man den Zustand der Atmosphäre an einem bestimmten Ort zu einer bestimmten Zeit. Es kann große Sprünge machen, heute sonnig sein und morgen Regen bringen. Wetter ist also eine kurzfristige Angelegenheit. Der Kollege des Wetterfroschs, der Klimafrosch (der zu Unrecht viel unbekannter ist), hat dagegen eine sehr langwierige Aufgabe. Denn Klima beschreibt den durchschnittlichen Zustand der Atmosphäre. Und zwar in einer bestimmten Region über einen längeren Zeitraum hinweg: etwa über 30 Jahre oder sogar Jahrhunderte. Der Klimafrosch hat also eine Ewigkeit zu tun. Er weiß deswegen aber auch, dass man zum Beispiel drei kühle Jahre, die aufeinander folgen, nicht missverstehen darf: So ein Zeitraum ist zu kurz, um daraus zu schließen, das Klima sei kälter geworden.

SO FUNKTIONIERT DER NATÜRLICHE TREIBHAUSEFFEKT:

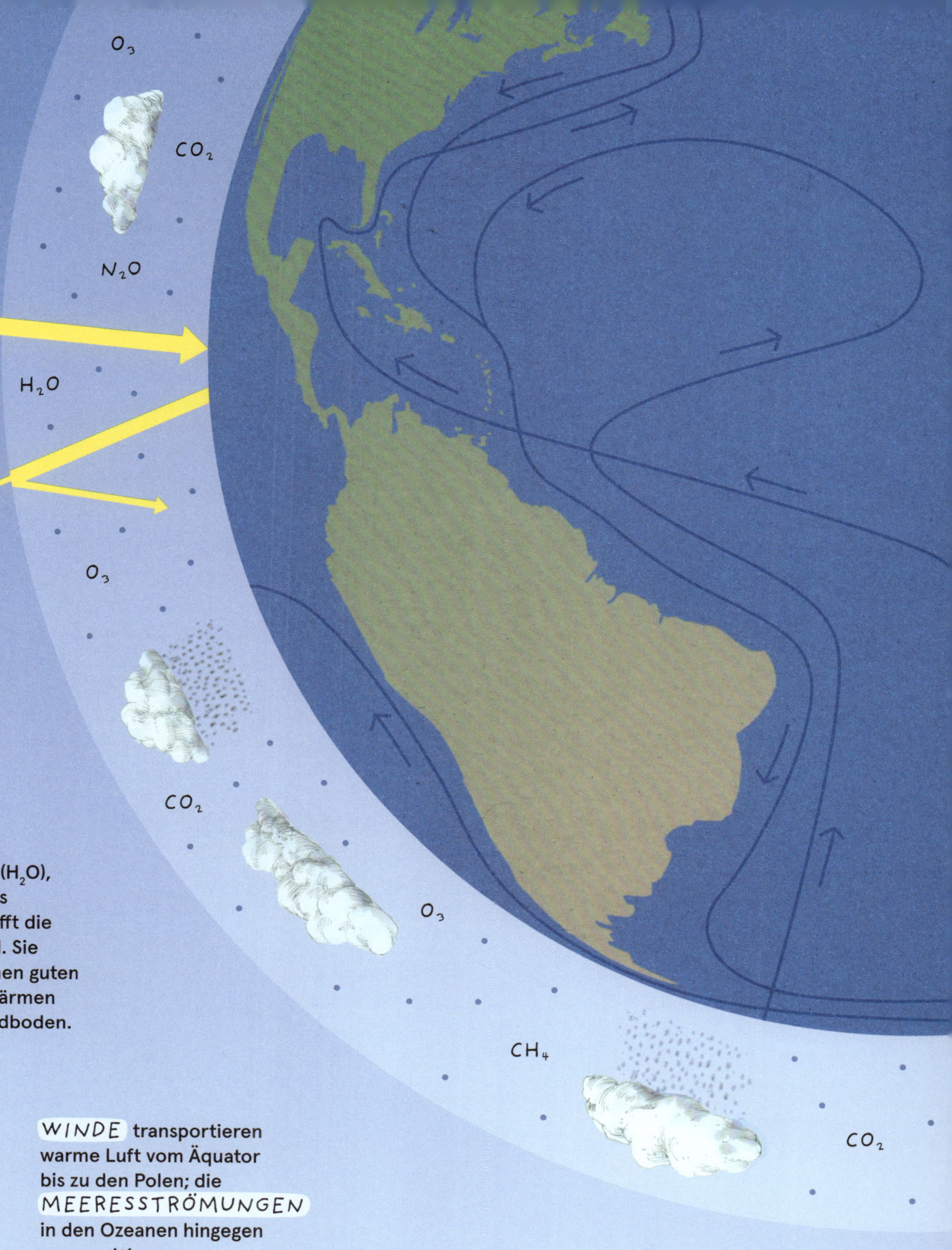

1. Die Sonne ist der Motor im Klimasystem der Erde. Ihre Wärme setzt alles in Bewegung.

2. Die SONNENSTRAHLUNG trifft auf die Erde. Die Erdoberfläche nimmt etwa die Hälfte der Strahlung auf, erwärmt sich und sendet dann ihrerseits Wärmestrahlung aus.

3. Ohne die Gashülle der Erde würde diese WÄRMESTRAHLUNG im Weltall verschwinden. Dann wäre es tatsächlich kalt auf der Erde, nämlich durchschnittlich etwa -18 °C. Unser Planet wäre ein großer, gefrorener Klumpen.

4. Doch die Gashülle der Erde, die ATMOSPHÄRE, verhindert das. In der Atmosphäre gibt es sogenannte TREIBHAUSGASE, wie Wasserdampf (H_2O), Kohlenstoffdioxid (CO_2), Ozon (O_3), Lachgas (N_2O) und Methan (CH_4). Auf diese Gase trifft die Wärmestrahlung auf ihrem Weg ins Weltall. Sie absorbieren die Strahlen und schicken einen guten Teil davon wieder zurück zur Erde. So erwärmen sich die unteren Luftschichten und der Erdboden.

DER NATÜRLICHE TREIBHAUSEFFEKT FÜHRT ALSO ZU EINEM WÄRMESTAU IN DER ATMOSPHÄRE, GANZ ÄHNLICH WIE IN EINEM GEWÄCHSHAUS MIT GLASDACH. DANK IHM LIEGT DIE WELTWEITE DURCHSCHNITTSTEMPERATUR BEI ANGENEHMEN 15 °C! ALSO UM GANZE 33 °C HÖHER ALS OHNE GASHÜLLE.

WINDE transportieren warme Luft vom Äquator bis zu den Polen; die MEERESSTRÖMUNGEN in den Ozeanen hingegen warmes Wasser.

Infolge der Sonnenstrahlung verdunstet Wasser aus den Ozeanen, Flüssen und Seen. Wasserdampf entsteht und bildet WOLKEN, aus denen es dann regnet oder schneit.

Die eisbedeckten POLARGEBIETE sind die Kühlschränke der Erde: Denn anders als die Erdoberfläche auf dem Rest der Welt nehmen sie die Sonnenstrahlen nicht auf, sondern reflektieren diese und kühlen so den Planeten.

5. Innerhalb dieses planetaren Gewächshauses gibt es viele weitere Naturkräfte, die die Wärme rund um den Globus verteilen oder das Klima auf andere Weise mitbestimmen.

DOCH LEIDER HAT DIE GESCHICHTE DES TREIBHAUSEFFEKTS NOCH EINE ANDERE SEITE ... →

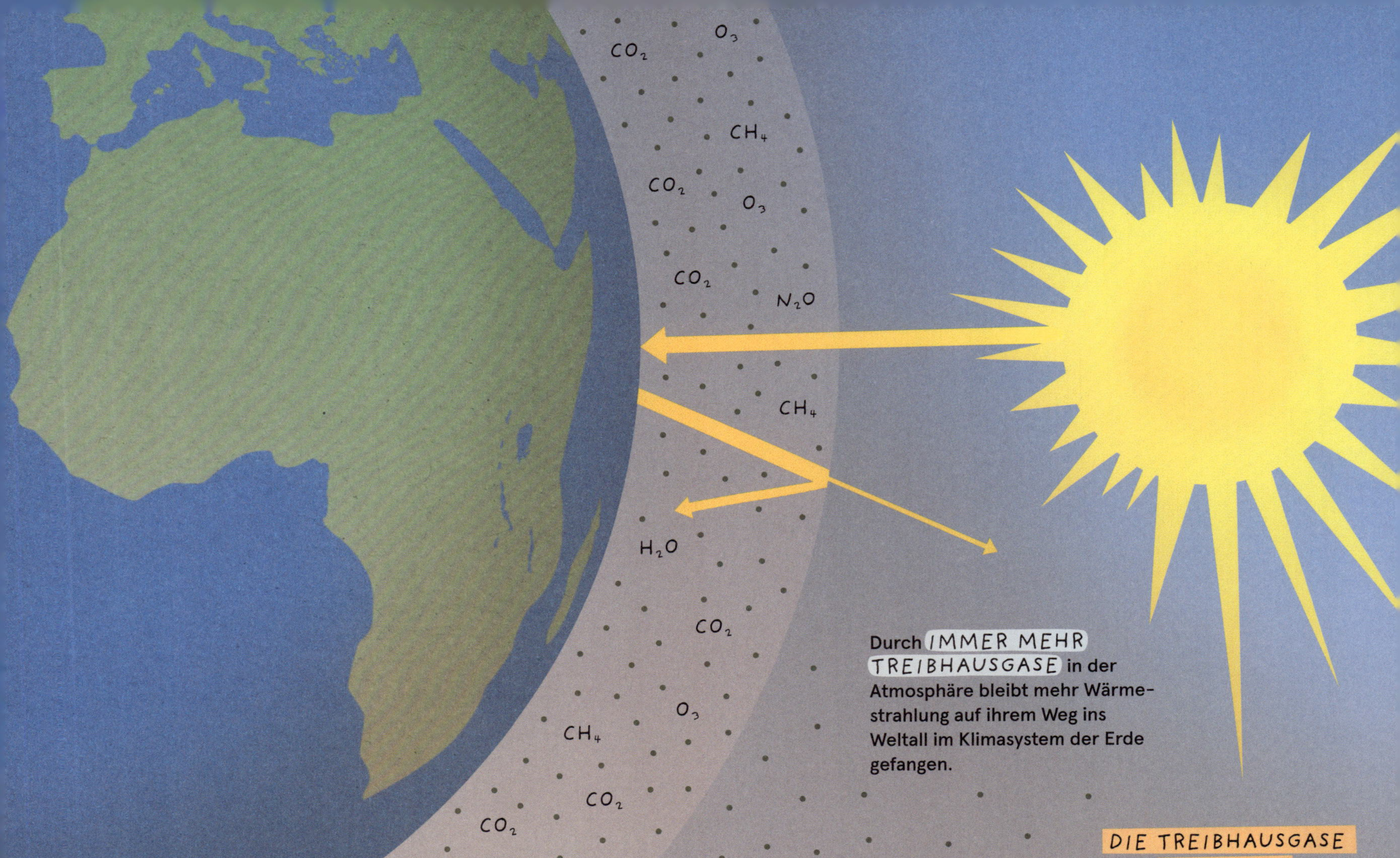

Durch IMMER MEHR TREIBHAUSGASE in der Atmosphäre bleibt mehr Wärmestrahlung auf ihrem Weg ins Weltall im Klimasystem der Erde gefangen.

DIE TREIBHAUSGASE STAMMEN VOR ALLEM …

1\. … aus der Verbrennung von Kohle, Öl und Gas. Denn die Menschheit benötigt immer mehr Energie.

2\. Etwa für den BAU VON HÄUSERN und um diese zu HEIZEN …

3\. … oder auch für die Waren-Produktion – denn die Menschen KAUFEN UND VERBRAUCHEN immer mehr: Kleidung, Autos, Möbel, Computer, Tiefkühlpizza … und dann werden diese Waren auch noch rund um den Globus transportiert.

STÄNDIG NEUE KLAMOTTEN, MEISTENS IMPORTIERT AUS ASIEN, FRISCHE BANANEN AUS SÜDAMERIKA, ZU HAUSE ALLES ELEKTRISCH BETRIEBEN UND AM STROMNETZ ANGESCHLOSSEN, DANN MIT DEM FLUGZEUG NACH BALI IN DEN URLAUB … UNSER MODERNER LEBENSSTIL MACHT DER ERDE GANZ SCHÖN ZU SCHAFFEN!

DER »SCHLECHTE« TREIBHAUSEFFEKT

Das Klima hat sich in der Erdgeschichte schon oft geändert (wie man daran sehen kann, dass es vor 90 Millionen Jahren einen Regenwald am Südpol gab. Kein Witz!). Seit ungefähr 10.000 Jahren leben wir in einer Warmzeit, die der Welt ein stabiles und für unseren Geschmack perfektes Klima mit 15 °C Durchschnittstemperatur beschert. Manche vermuten sogar, dass die Menschen erst dank dieser Warmzeit die Landwirtschaft erfanden und sesshaft wurden. Leider kommt nun aber mehr und mehr die andere Seite des Treibhauseffekts ins Spiel – und die ist gar nicht gut.

Es war im Jahr 1896, als ein weiterer Physiker, Svante Arrhenius, über das Klima grübelte. Damals rußten und schmutzten bereits die Fabrikschlote, denn das Industriezeitalter setzte schon voll auf die Verbrennung von Kohle. Arrhenius erkannte, dass die Temperaturen steigen, wenn die Menschen große Mengen Treibhausgase in die Atmosphäre blasen.

DER MENSCHENGEMACHTE TREIBHAUSEFFEKT MACHT DIE ERDE IMMER WÄRMER.

Aber erst in den 1950er-Jahren gelang der Nachweis, dass die Kohlenstoffdioxid-Konzentration wirklich ansteigt. Sie hat seit dem Beginn der Industrialisierung schon um über 40 % zugenommen. Sie liegt heute weitaus höher, als es in den vergangenen 800.000 Jahren je der Fall war! Das ist der Grund, warum man vom MENSCHENGEMACHTEN TREIBHAUSEFFEKT spricht. Er verstärkt den natürlichen und führt zu dem Klimawandel, den wir heute schon erleben und der noch lange nicht abgeschlossen ist.

Wenn die Menschheit so weitermacht wie bisher und ihren Ausstoß an Treibhausgasen nicht herunterfährt, können die Temperaturen um über 4 °C ansteigen. Was dann auf die Erde zukäme, erfährst du in Teil 3 dieses Buchs. Aber auch, wie wir es verhindern können.

4. Dazu kommt der GÜTER- UND PERSONENVERKEHR auf den Straßen, Meeren und Flüssen und in der Luft.

5. Viele Treibhausgase stammen auch aus ABHOLZUNG UND NIEDERBRENNEN VON WÄLDERN, um die Flächen zum Beispiel für Weideland zu nutzen oder um Soja anzubauen. Das wird in der Rinder- und Schweinemast verfüttert.

KLUG IST DAS NICHT, DENN DER WALD IST EIN KLIMASCHÜTZER. ER BREMST DIE ERDERWÄRMUNG, INDEM ER GROSSE MENGEN DES KOHLENSTOFFDIOXIDS AUFNIMMT, DAS WIR MENSCHEN IN DIE ATMOSPHÄRE BLASEN.

6. MASSENTIERHALTUNG UND LANDWIRTSCHAFT sorgen ebenfalls für Treibhausgase.

DAS KLIMAPUZZLE DER ARKTIS

Es gibt nicht mehr viele Orte auf der Erde, die so wenig erforscht und rätselhaft sind wie die zentrale Arktis. Dort draußen auf dem Meereis gibt es keine feste Forschungsstation. Anders als in der Antarktis, also am Südpol, wo an mehreren Stationen über das ganze Jahr hinweg geforscht wird. Auch dort ist das Leben extrem, aber immerhin haben die Menschen festen Boden unter den Füßen. Denn die Antarktis ist ein eigener Kontinent, unter dem dicken Eispanzer liegen Erde und Gestein. Unter dem Eis am Nordpol hingegen schlummert nichts als ein kalter Ozean, und nur am Rand der Arktis warten Inseln und Festland.

Wie sind die Rätsel der Arktis zu lösen? Was geht im Nordpol-Klima vor sich und warum verändert sich die Arktis so dramatisch? Hier ist Teamwork gefragt: Die Arktis ist selbst wie ein Puzzle, das zum komplexen Klimapuzzle der Erde gehört. Das Klimapuzzle der Arktis besteht ebenfalls aus vielen Teilen, die eng miteinander verzahnt sind und sich gegenseitig beeinflussen. Die Forscherinnen und Forscher der Polarstern machen sich in Teams auf die Suche nach diesen Einzelteilen. Anschließend fügen sie die Teilchen gemeinsam zum großen Ganzen zusammen.

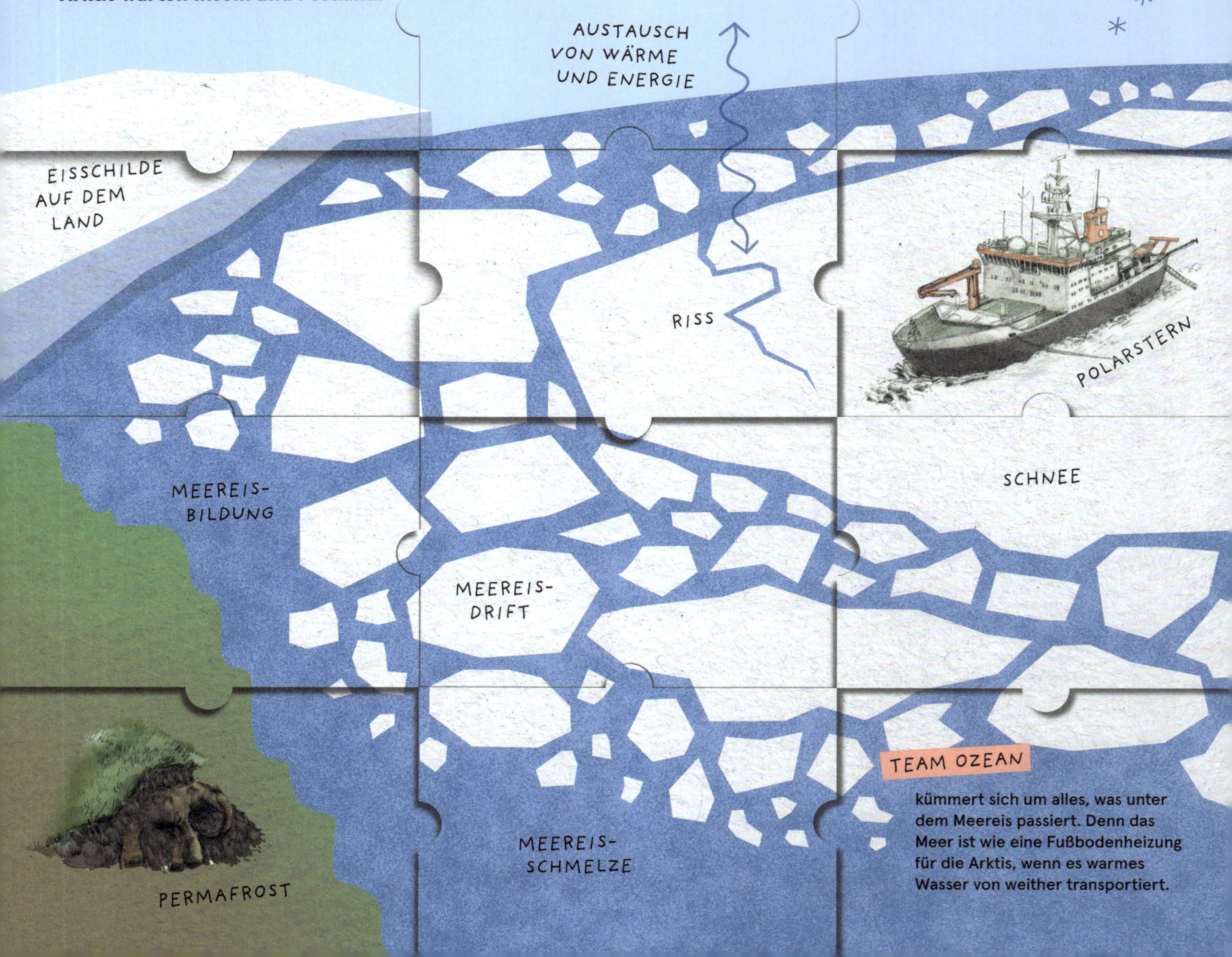

TEAM OZEAN

kümmert sich um alles, was unter dem Meereis passiert. Denn das Meer ist wie eine Fußbodenheizung für die Arktis, wenn es warmes Wasser von weither transportiert.

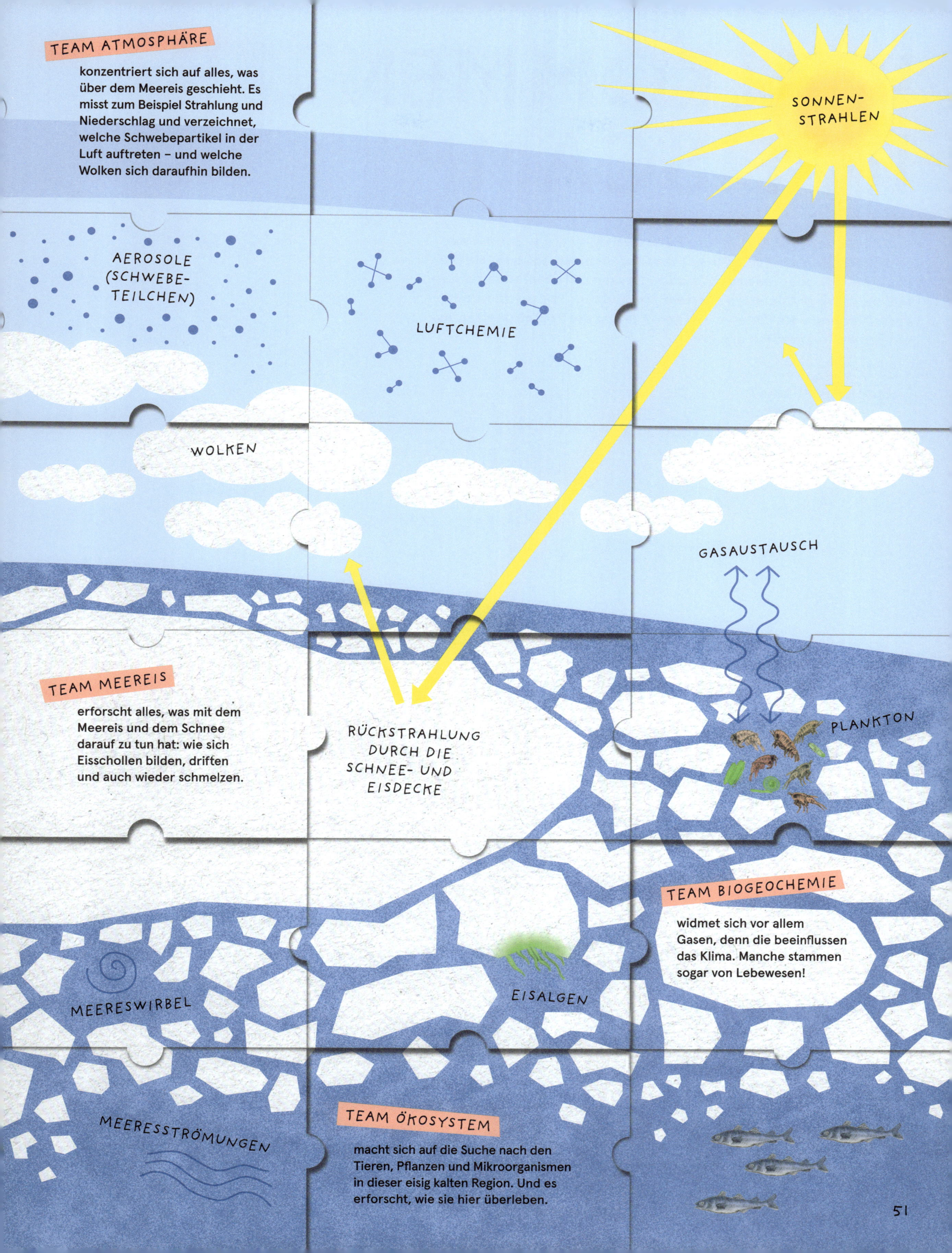

TEAM ATMOSPHÄRE

konzentriert sich auf alles, was über dem Meereis geschieht. Es misst zum Beispiel Strahlung und Niederschlag und verzeichnet, welche Schwebepartikel in der Luft auftreten – und welche Wolken sich daraufhin bilden.

TEAM MEEREIS

erforscht alles, was mit dem Meereis und dem Schnee darauf zu tun hat: wie sich Eisschollen bilden, driften und auch wieder schmelzen.

TEAM BIOGEOCHEMIE

widmet sich vor allem Gasen, denn die beeinflussen das Klima. Manche stammen sogar von Lebewesen!

TEAM ÖKOSYSTEM

macht sich auf die Suche nach den Tieren, Pflanzen und Mikroorganismen in dieser eisig kalten Region. Und es erforscht, wie sie hier überleben.

WILLKOMMEN IM EISCAMP

Vor dem mächtigen Rumpf der Polarstern bauen die Teilnehmer der Expedition ein Forschungscamp auf – mitten auf dem Meereis, das immer wieder aufbricht, sich zu Bergen auftürmt und manchmal morgens ganz anders aussieht als noch am Tag zuvor. In den verschiedenen Stationen des Camps gehen die Forschungsteams mit ihren Messgeräten ans Werk.

OCEAN CITY

Das blaue Zelt umgibt ein großes Bohrloch im Eis. Team Ozean lässt hier Geräte mit Sensoren ins Wasser hinab, während Team Ökosystem Wasserproben aus der Tiefe zieht.

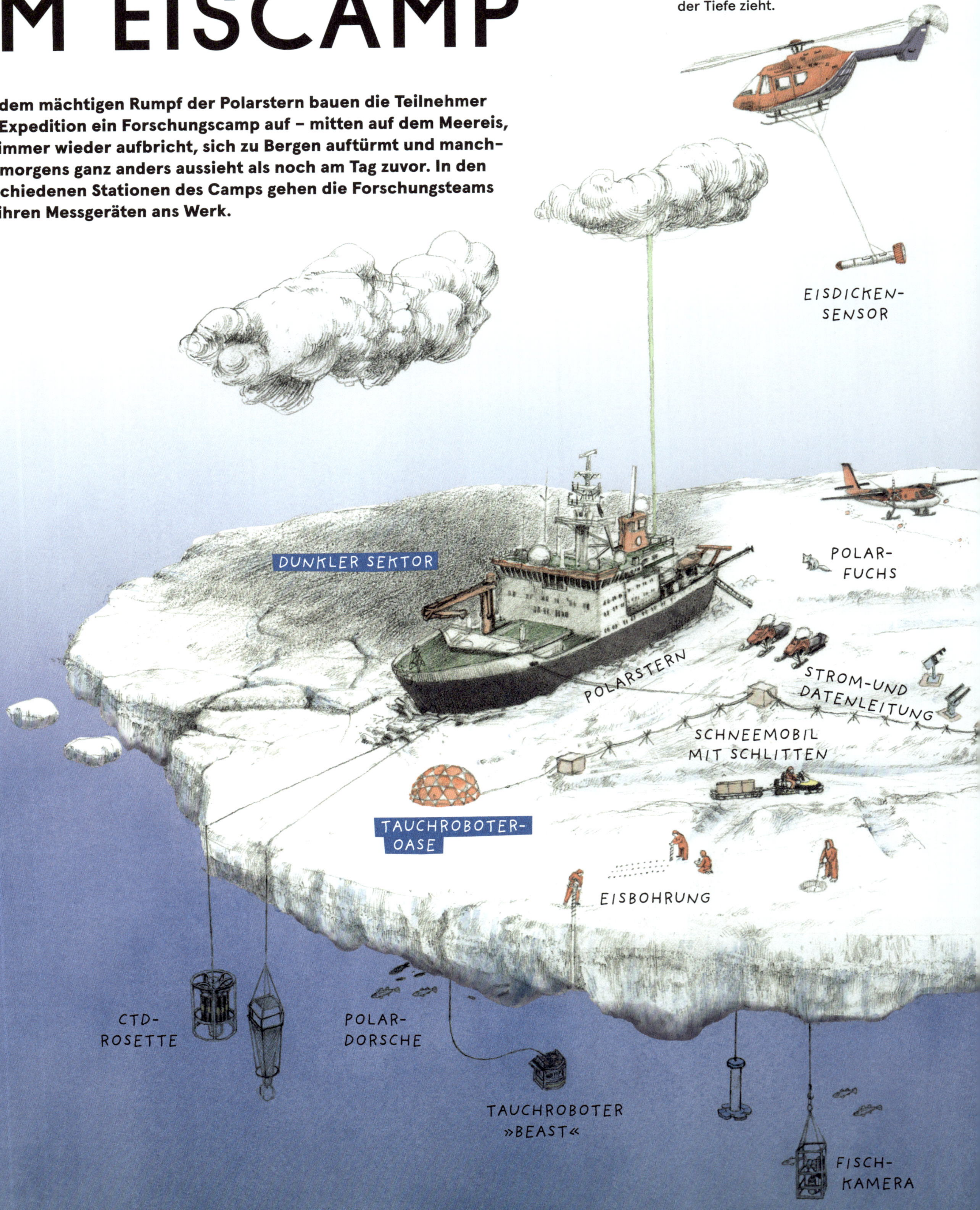

MET CITY

Hier ist das Forschungsteam Atmosphäre am Werk. Die »Skyline« von Met City mit den zwei meteorologischen Messtürmen von 11 und 30 Metern Höhe ragt auffallend hoch in den Himmel. An ihnen sind Sensoren befestigt: sensible Messfühler, die beispielsweise Windstärke und Kohlenstoffsättigung verraten.

DUNKLER SEKTOR

Hier sammelt Team Biogeochemie Schnee- und Eisproben für Laboranalysen. Aber auch Team Ökosystem kommt oft vorbei. Denn es möchte herausfinden, wie die Lebewesen der Arktis die Finsternis der Polarnacht überdauern. Das helle, künstliche Licht des Schiffs könnte ihre Forschung verfälschen, wenn die Lebewesen auf das Schiffslicht reagieren wie auf arktischen Sonnenschein. Deswegen heißt es in diesem Sektor »Licht aus!«.

FERNERKUNDUNGS-MESSFELD

Team Meereis untersucht die Scholle und führt Eisbohrungen durch. Im Fernerkundungsmessfeld sind Sensorgeräte installiert, die aussehen wie in einem Science-Fiction-Film. Sie kontrollieren, wie die Schnee- und Eisoberfläche zum Beispiel Mikrowellenstrahlung reflektiert. Mithilfe solcher Strahlung vermessen Satelliten das Meereis in der Arktis.

TAUCHROBOTER-OASE

Aus der Oase geht der ferngesteuerte Tauchroboter »Beast« auf riskante Erkundungen unter dem Eis. »Beast« ist ein Alleskönner: Mit seiner Kamera filmt er die Wassertierwelt, mit seinem Netz fängt er Plankton für Team Ökosystem. Für Team Meereis untersucht er außerdem die Unterseite des Eises.

BALLOON TOWN

In den Hangarzelten warten die Forschungsballons auf ihren Einsatz für Team Atmosphäre.

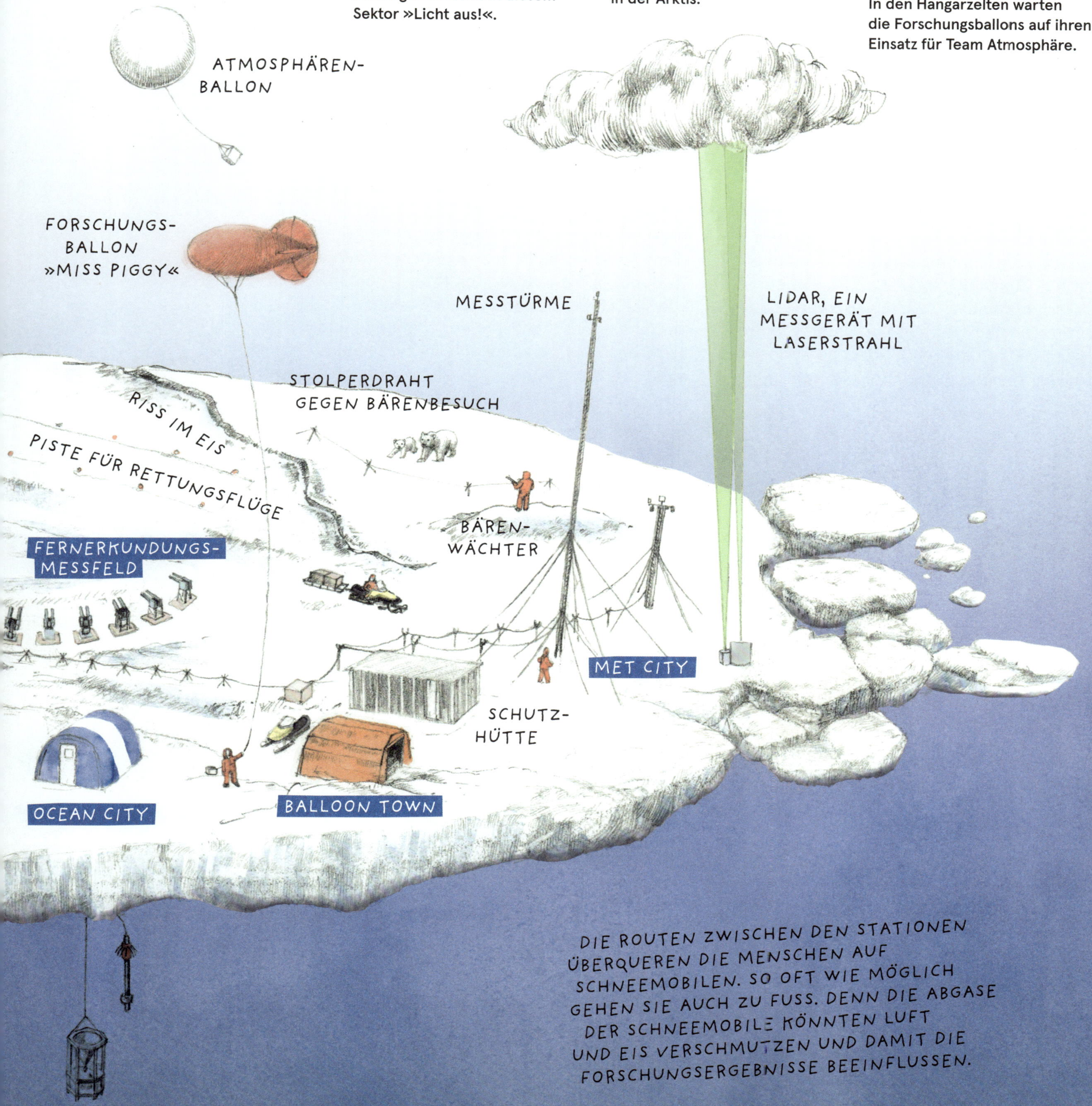

DIE ROUTEN ZWISCHEN DEN STATIONEN ÜBERQUEREN DIE MENSCHEN AUF SCHNEEMOBILEN. SO OFT WIE MÖGLICH GEHEN SIE AUCH ZU FUSS. DENN DIE ABGASE DER SCHNEEMOBILE KÖNNTEN LUFT UND EIS VERSCHMUTZEN UND DAMIT DIE FORSCHUNGSERGEBNISSE BEEINFLUSSEN.

IM (FAST) EWIGEN EIS

MEEREIS IST STÄNDIG IN BEWEGUNG.

Ohne Meereis wäre die Arktis nicht die Arktis. Tausende Kilometer weit erstreckt es sich über den Arktischen Ozean. Mal liegt es ruhig da und sieht aus wie eine weite, schneebedeckte Ebene. Dann wieder bringen Meeresströmungen und Winde Bewegung ins Eis, es kracht und birst und reißt auseinander. Oder es türmt sich zu meterhohen Bergen auf, weil Meer und Wind die Schollen mit viel Kraft gegeneinanderdrücken.

Überhaupt ist MEEREIS etwas Besonderes. Zum einen, weil es aus Meer-, also aus Salzwasser entsteht und selbst ein bisschen Salz enthält. Zum anderen, weil es ein Lebensraum ist. Es gibt buchstäblich unverfrorene Lebewesen, die nicht nur auf und unter, sondern mitten im Eis leben. Außerdem verändert sich Meereis immerzu: Es wächst und schrumpft mit dem Lauf der Jahreszeiten. Während der langen Polarnacht dehnt es sich aus, bis es schließlich einen großen Teil des Arktischen Ozeans bedeckt. Während des Sommers schmilzt es wieder und die Eisdecke weicht Monat um Monat zurück. Von oben betrachtet, dehnt sich das Meereis also immer wieder aus und zieht sich zusammen – wie ein langsam schlagendes Herz.

Zugleich liegt Meereis wie eine dünne Haut auf dem ARKTISCHEN OZEAN. Es trennt Meer und Atmosphäre voneinander und genau diese Position macht es zu einem so wichtigen Bestandteil des Klimasystems. Je nachdem, wie sich Meer, Eis und Luft zueinander verhalten, tauschen sie Wärme, Energie und auch Gase aus. So wirkt sich ihr Zusammenspiel aufs Klima aus.

TEAM MEEREIS

Das arktische Meereis ist ein enorm wichtiges Teil im Klimapuzzle unserer Erde. Das Forschungsteam Meereis untersucht, warum sich das Eis in der Arktis in den vergangenen Jahrzehnten so sehr verändert hat, wie und wann es neu entsteht, wächst und wieder vergeht – und auch, was es für die Arktis bedeutet, wenn das Meereis immer weiter schwindet.

LOGBUCH

DATUM: 12.01.2020, TAG 115

POSITION: 87° NORD 108° OST

TEMPERATUR: -30,4 °C

Beeindruckend! Heute Nacht hat uns plötzlich sonderbares Krachen aus dem Schlaf gerissen. Das Eis draußen spielte verrückt. Direkt vor der Polarstern brach die Scholle entzwei. Dann trieb der Wind die Scholle wieder zurück und schob das Eis knirschend zusammen. Innerhalb weniger Minuten türmte sich ein meterhoher Rücken aus Eisbruchstücken auf!

EIS IST NICHT GLEICH EIS

Meereis ist die einzige Eisart, die aus dem Wasser der Ozeane selbst geboren wird. Es schwimmt auf den Polarmeeren von Arktis und Antarktis. Allerdings entsteht Meereis nicht einfach als Eisscholle auf dem Wasser. Es wächst über die verschiedensten Formen heran und zeigt sich in den faszinierendsten Gestalten. Alle diese Eistypen haben in der Wissenschaft ihre eigene Bezeichnung.

NILAS
Wenn das Meer ruhig ist, bildet sich aus dem ersten, jungen Eis eine dünne, geschlossene Nilas-Eisdecke, die dann ungestört weiterwachsen und dicker werden kann. Anfangs ist sie so dünn, dass sie durchsichtig aussieht, und so elastisch, dass sie sich mitbiegt, wenn Wellen durch den Ozean ziehen.

SIEHT SCHÖN AUS, IST ABER LEIDER NICHT ESSBAR.

PLÄTTCHENEIS
So wird Meereis geboren: Winzige Nadeln oder Plättchen aus Eis bilden sich im Wasser. Wenn sich immer mehr davon ansammelt, kann daraus eine trübe, junge Eissuppe werden, oft Eisschlamm oder Grease-Eis genannt. Eisschlamm entsteht meistens, wenn sich das Wasser mit vielen Wellen bewegt. Wenn er noch weiter abkühlt, kann er fester werden und zu größeren Eisschollen heranwachsen.

TAUCHROBOTER »BEAST« HAT DIESES PLÄTTCHENEIS UNTER DER SCHOLLE GEFUNDEN.

PFANNKUCHENEIS
Das ist das wohl schönste Eis – es entsteht bei Seegang aus Eisschlamm. Das Eis wabert auf der unruhigen Wasseroberfläche hin und her und formt dabei runde, pfannkuchenartige Teller, die immer wieder aneinanderstoßen. Deswegen wird ihr Rand etwas dicker. Die Pfannkuchen können 30 cm bis 3 m Durchmesser haben! Pfannkucheneis galt eher als typisch für die Antarktis, doch die Polarstern-Expedition hat es auch in der Arktis gefunden.

DIE GEBURT EINES SOLCHEN EISGIGANTEN, ALSO DAS ABBRECHEN EINES EISBERGS VOM GLETSCHER, HEISST IN DER FACHSPRACHE »KALBEN«.

EISBERGE
Obwohl Eisberge auf dem Meer treiben, zählen sie nicht zum Meereis. Sie sind von Gletschern abgebrochen und bestehen aus Süßwasser.

ACHTUNG, VERWECHSLUNGSGEFAHR!

SCHÖN, ABER NICHT UNGEFÄHRLICH, DENN DER EISBODEN DES TÜMPELS KANN DÜNN SEIN. DANN BESTEHT EINBRUCHGEFAHR!

SCHMELZTÜMPEL

Über den dunklen Winter wird die Eisdecke dick und mächtig. Wenn jedoch ab dem Frühjahr die Sonne auf das arktische Meereis scheint, beginnen der Schnee auf seiner Oberfläche und das Eis selbst zu schmelzen. Dann sprenkeln immer mehr leuchtend blaue Tümpel die Eisdecke. Je dunkler so ein Tümpel ist, desto tiefer ist er. Auf manchen Eisschollen entstehen ganze Seenplatten.

FINGER RAFTING

Wenn Wind und Strömung die Schollen gegeneinanderdrücken, wirken große Kräfte aufs Eis. Bei jüngerem Eis kann es dann zu dieser auffallenden Form kommen, die an verschränkte Finger erinnert.

PACKEIS

Manchmal sitzen Schiffe im sogenannten Packeis fest. Dann stecken sie in zusammen- und übereinandergeschobenen Schollen des Meereises.

BUNTE ÜBERRASCHUNG: EIN BLICK IN DIE KRISTALLSTRUKTUR

Um nachzuvollziehen, wie Eis gewachsen ist, fertigen die Forscherinnen und Forscher sogenannte Dünnschnitte an. Diese können weniger als 0,5 mm dick sein! Zunächst wird dazu ein Eisbohrkern gezogen. Danach kann das Eis dünn geschnitten auf dem Lichttisch genau betrachtet werden. Dank spezieller Folien offenbart es dort leuchtend seine Kristallstruktur. Sie erzählt den Forschenden viel über die Entstehung von diesem Stück Eis.

SCHELFEIS

Wenn sich Eisschilde oder Gletscher an Land ins Meer erstrecken, können sie mächtige Eiswände bilden. Solches Schelfeis schwimmt zwar auf dem Ozean, ist aber weiterhin mit dem Eisschild an Land verbunden. Daher ist auch Schelfeis kein Meereis.

EISSCHILDE UND GLETSCHER

Ebenfalls etwas anderes als Meereis sind die gewaltigen Eisschilde Grönlands und der Antarktis, wo etwa 90 % des Eises liegen, das auf der Erde überhaupt existiert. Diese Eisschilde sind Landeis und die beiden größten Gletscher der Welt. Während Meereis aus Salzwasser geboren wird, entstehen Gletscher aus Schnee, der im Sommer nicht weggeschmolzen ist und sich über viele Jahre hinweg angehäuft hat – also aus Niederschlag, und damit aus Süßwasser. Eisschilde und Gletscher sind die größten Süßwasserspeicher auf unserem Planeten!

PLÄTTCHEN? NILAS? PFANNKUCHEN? EIS IST GANZ SCHÖN KOMPLIZIERT, ODER?

MEEREIS-FAKTEN

WIRD ALT UND DICK

Meereis kann einige Jahre alt werden. Wenn es noch keinen Sommer überstanden hat, wird es einjähriges Eis genannt. Sobald es einen Sommer überlebt hat, gilt es als mehrjähriges Eis. Weil es im Sommer immer wieder teilweise schmilzt, wird solches »altes« Eis aber selten dicker als 3 Meter. Nur als Presseisrücken, einem zusammengedrückten Berg aus Meereisbruchstücken, kann es mehrere Meter hoch aus der Schollenlandschaft ragen und gleichzeitig 10 Mal so tief in den Ozean reichen.

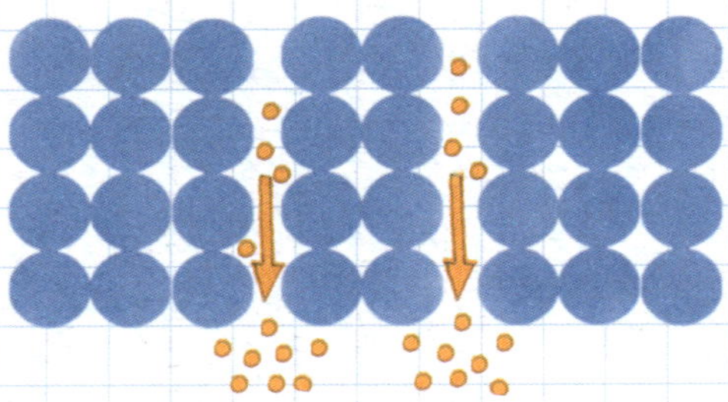

IST VIEL SÜSSER ALS MEERWASSER

Anders als das salzige Meerwasser schmeckt Meereis auffallend süß. Das liegt daran, dass das Meerwasser beim Gefrieren einen großen Anteil seines Salzes ausstößt. Das Salz sinkt dann in die Wasserschicht unter dem Eis. Je älter Meereis ist, desto weniger Salz steckt noch in ihm. Trotzdem enthält es immer ein klein wenig Sole, also hochkonzentriertes Salzwasser: viel zu salzig, um zu gefrieren. Diese Sole bildet winzige Kanäle und Taschen im Eiskörper, was diesen ziemlich porös macht – und Meereis weniger hart als Eis aus dem gefrorenen Gartenteich.

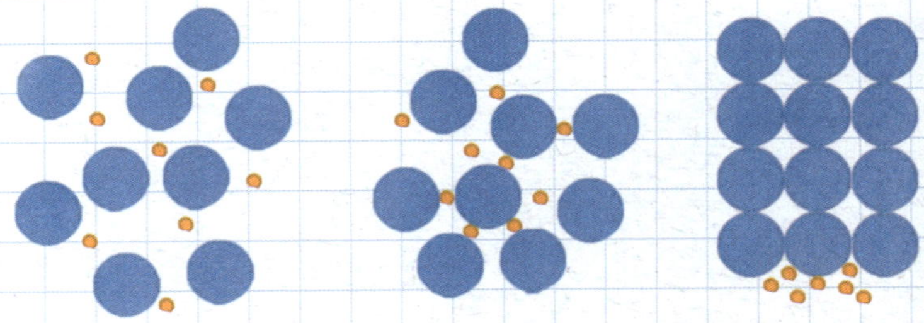

BIRGT EINEN NATÜRLICHEN GEFRIERSCHUTZ

Wasser besteht aus kleinen, beweglichen Teilchen, zusammengesetzt aus Wasserstoff und Sauerstoff. Bei 0 °C verbinden sich diese Wasserteilchen zu kleinen Kristallen und werden ganz starr: Das Wasser gefriert. So ist das zumindest bei Süßwasser. Für Meerwasser gilt das nicht, denn es enthält Salz, das die Kristallisation eine ganze Weile aufhält. So kann das Wasser des Arktischen Ozeans bis zu -1,8 °C kalt werden, bevor es sich in Eis verwandelt. Das Wasser im Toten Meer, das besonders viel Salz enthält, würde sogar erst bei -21 °C gefrieren!

ZU HAUSE NUTZEN WIR DIESEN EFFEKT UND »SALZEN« UNSERE STRASSEN IM WINTER, DAMIT SICH KEINE EISSCHICHT DARAUF BILDET.

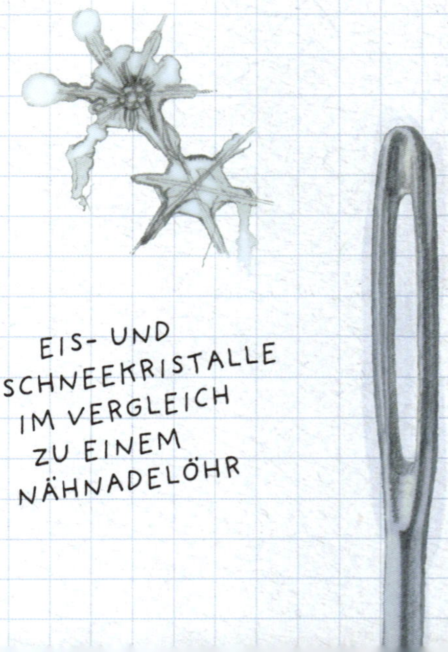

EIS- UND SCHNEEKRISTALLE IM VERGLEICH ZU EINEM NÄHNADELÖHR

SCHÜTZT GEGEN ABKÜHLUNG

Wenn die Wasseroberfläche des Meeres die klirrend kalte Luft berührt, kühlt sie ab und wird zu Eis. Warum gefriert aber nicht nach und nach das ganze Meer? Das Eis selbst ist der Grund: Es liegt wie eine isolierende Decke auf dem Ozean und schützt das Meerwasser vor der Kälte der Atmosphäre.

LOGBUCH

DATUM: 17.02.2020, TAG 151

POSITION: 88° NORD 78° OST

TEMPERATUR: -33,5 °C

Wir sind umgeben von Eis und Schnee. Sogar in der Luft sind Eiskristalle allgegenwärtig! Je nach Temperatur und Luftfeuchtigkeit haben sie unterschiedliche Größen und Formen: massive Platten oder Prismen, Säulen, sternförmige Platten, Nadeln oder Dendriten. Um diese winzigen Kristalle zu untersuchen, erstellen wir einen Abdruck aus Kunststoff. Sonst würden sie unter dem Mikroskop ja wegschmelzen.

IST EIN AUFREGENDES FORSCHUNGSOBJEKT

Die Forscherinnen und Forscher der Polarstern sind mit Messstäben und Eisbohrern zugange. Sie interessieren sich zum Beispiel dafür, wie dick das Eis ist und wie dick die Schneeschicht darauf. Denn die Schneeschicht kann das Eis vor der kalten Luft isolieren und verhindern, dass mehr Eis gefriert. Außerdem wird das Meereis auch mit vielen faszinierenden Geräten aus der Luft oder aus dem Ozean vermessen und beobachtet.

EIN EISKERNBOHRER IST EINE RÖHRE, MIT DER MAN DURCH DIE SCHOLLE BOHRT. DARIN BLEIBT DANN EIN LANGES, ETWA 10 CM DICKES STÜCK EIS STECKEN, DAS MAN FÜR WEITERE UNTERSUCHUNGEN AN DIE OBERFLÄCHE ZIEHT – DER SOGENANNTE EISBOHRKERN.

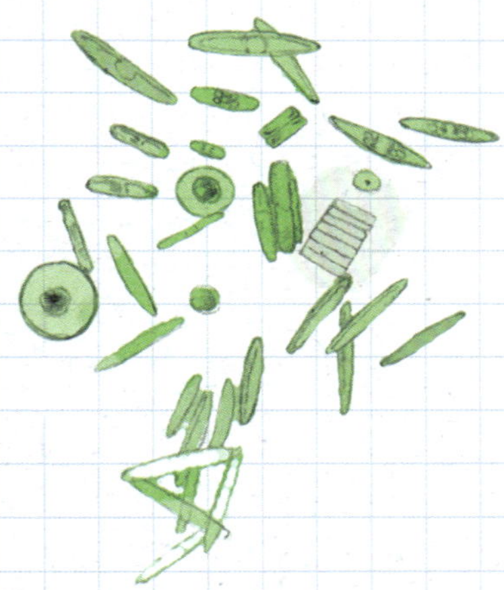

BIETET EIN HEIM IM EIS

Einige besonders unverfrorene, also bestens angepasste Wesen leben in den Solekanälen und -höhlen mitten im Meereis: Bakterien, Algen, Würmer und winzige Krebstierchen. Sie besiedeln das Eis vom Wasser aus und ziehen zurück in den Ozean, wenn das Meereis wieder schmilzt.

DAS GROSSE SCHMELZEN

Das Meereis der Arktis ist nicht nur wunderschön, sondern auch ein wichtiger Teil der Kryosphäre unseres Planeten. Dieser Begriff kommt von griechisch »kryos« für Kälte und »sphaira« für Erdkugel und fasst alle Bereiche zusammen, in denen es gefrorenes Wasser gibt: Land und Ozeane, die mit Schnee oder Eis bedeckt sind, Gletscher und auch die Permafrostböden in Sibirien oder Alaska, also jene Böden, die eigentlich immer gefroren sind.

Kryosphäre klingt nicht nur cool, sie ist es auch. Vor allem für unser Erdklima. Da Eis und Schnee hell sind, wirken sie wie ein Sonnenschutzschild für unseren Planeten: Sie reflektieren einen Teil der Sonnenstrahlen, die eigentlich die Erde erwärmen würden. Das gilt insbesondere für Arktis und Antarktis, wo große weiße Flecken auf der Landkarte zu finden sind. Doch überall auf der Welt bringt der Klimawandel die Kryosphäre zum Verschwinden. Gletscher schmelzen und fließen dahin. Permafrostböden tauen und werden zu Schlamm.

SOMMEREIS: IM MONAT SEPTEMBER IST DAS EIS NACH DEM LANGEN SOMMER GESCHMOLZEN UND ERREICHT SEINE GERINGSTE AUSDEHNUNG.

NORDPOL

GRÖNLAND

LOGBUCH

DATUM: 07.04.2020, TAG 201

POSITION: 84° NORD 14° OST

TEMPERATUR: -21,6 °C

Heute haben wir die Meereisdicke mit dem Eisdickensensor gemessen. Dieses Gerät sieht aus wie ein Torpedo und wird an einem Seil mit dem Helikopter in geringer Höhe über das Meereis geflogen. Es funktioniert ähnlich wie ein Metall-Detektor: Es misst die Leitfähigkeit des Grunds, über den es fliegt. Meerwasser enthält viel Salz und hat deswegen eine hohe Leitfähigkeit. Meereis enthält kaum Salz und hat eine geringe Leitfähigkeit. So lassen sich mithilfe des Sensors Wasser und Eis unterscheiden und wir können die Meereisdicke berechnen.

Auch das Meereis schmilzt. Am deutlichsten sieht man das von oben, aus der Erdumlaufbahn. Satelliten werfen seit Jahrzehnten ein genaues Kameraauge auf das Eis. Ein deutlicher Maßstab für die Veränderungen in der Arktis ist die Ausdehnung im September, wenn das Eis den arktischen Sommer überlebt hat – ODER EBEN NICHT.

Die Satelliten-Aufnahmen sind beunruhigend. Anfang der 1980er-Jahre erstreckte sich das Meereis im September noch über eine Fläche von 7 Millionen Quadratkilometern. Das ist in etwa so groß wie ganz Australien. Im September 2020, als die Polarstern durch die Arktis driftet, bedeckt das Meereis gerade mal noch 3,82 Millionen Quadratkilometer. Es ist also fast um die Hälfte geschrumpft!

WINTEREIS: IM MONAT MÄRZ NIMMT DAS MEEREIS NACH DEM LANGEN WINTER SEINE GRÖSSTE FLÄCHE EIN.

IMMER DÜNNER UND WENIGER

In den 1960er-Jahren war das arktische Meereis im Sommer noch rund 3 m dick. In den 1990er-Jahren über 2 m. Doch in den letzten Jahren ist es durchschnittlich nur noch unter 1 m dick. In den letzten vier Jahrzehnten hat das Meereis also etwa 70 % seines Volumens verloren. Die durchaus erschreckende Faustregel lautet: Für jede Tonne Kohlenstoffdioxid, die wir Menschen produzieren, schmelzen etwa 3 m² Meereis!

SCHLECHTE ÜBERLEBENSCHANCEN

Früher überstand viel Eis in der Arktis die wärmeren Sommermonate, weil es viele Jahre alt und dabei dick wurde. Das Eis von heute hat hingegen schlechte Chancen. Es bildet sich nach den immer wärmeren Sommern immer später im Jahr, wird auch im Laufe des Winters nicht mehr so dick – und übersteht oft schon die Schmelze in seinem ersten Sommer nicht mehr.

ENDE IN DER KINDERSTUBE

Im flachen Meer vor der Küste vor Sibirien in Russland wird besonders deutlich, wie früh junges Eis heute schon schmilzt. Diese Region gilt als Kinderstube des Meereises. Von dort aus startet es seine Drift über den Arktischen Ozean mit dem Transpolarstrom. Heute schaffen es nur noch 20 % des Eises, das vor Russland geboren wird, auf diese Reise. Die anderen 80 % schmelzen, noch bevor sie ihre Reise mit dem Transpolarstrom überhaupt antreten.

MEEREIS IM TEUFELSKREIS

Wer an einem heißen Tag in der Sonne steht, spürt ihre Kraft: Die Sonnenstrahlung wird auf der Erde zu Wärme. Wer dabei die Wahl zwischen einem weißen und einem schwarzen Shirt hat, sollte sich für das weiße entscheiden. Denn der weiße Stoff reflektiert die Sonnenstrahlen besser. So wird einem nicht so schnell heiß wie in einem schwarzen Shirt. Der Arktis geht es ähnlich.

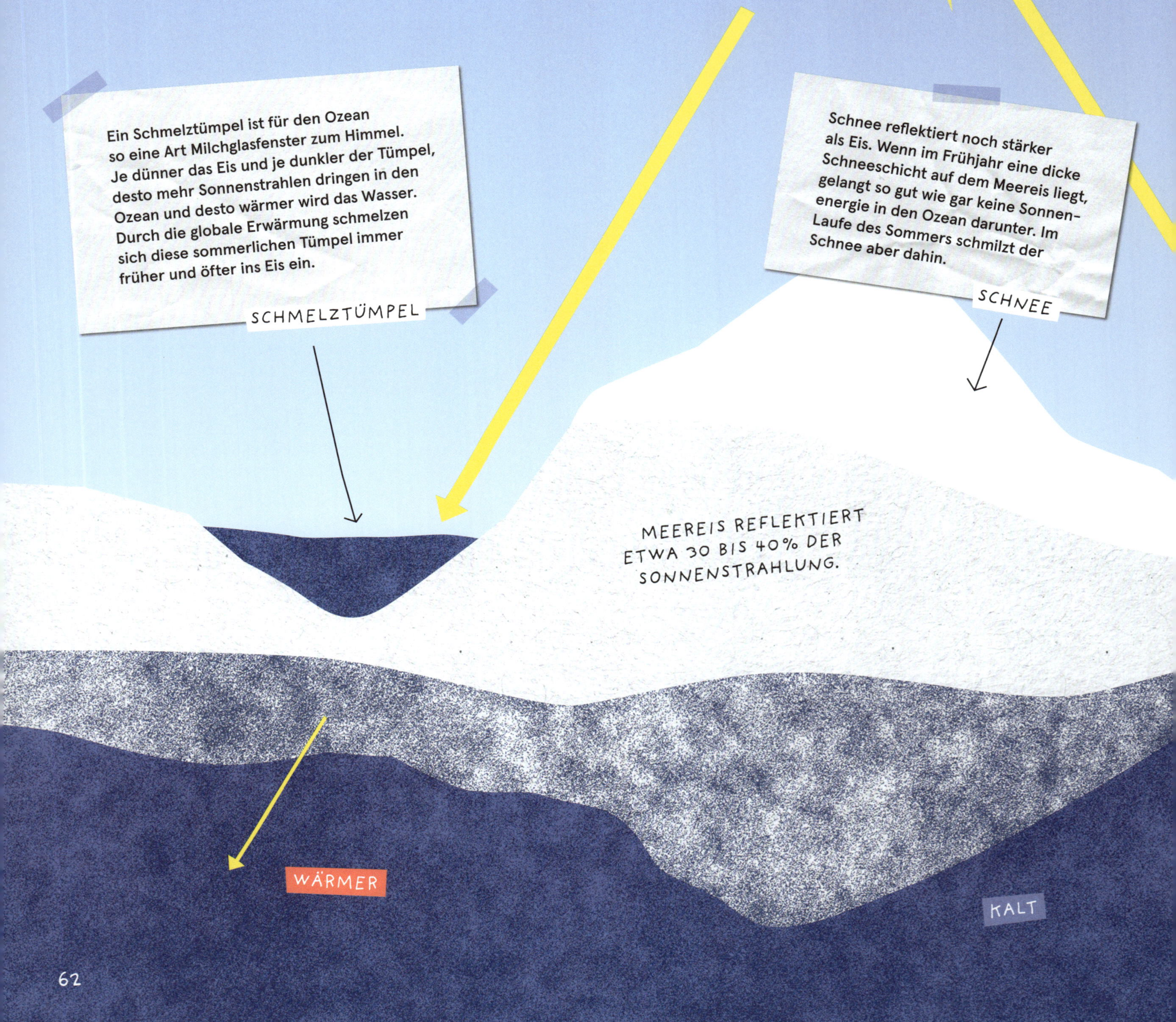

Mit der Meereisdecke trägt auch der Arktische Ozean eine Art weißes Shirt. Wenn im Sommer die Sonne pausenlos auf die Arktis scheint, reflektiert das Eis einen guten Teil der Sonnenstrahlen. Seine Helligkeit ist für das Eis also ein Schmelzschutz. Im Fachlatein heißt diese Reflexionskraft Albedo. Das bedeutet nichts anderes als »Weißheit«.

Diese ALBEDO ist wichtig für den Energiehaushalt der Erde. Dank des Eises wird ein bedeutsamer Teil der Sonnenstrahlung zurück ins Weltall geschickt, anstatt auf der Erde zu bleiben und sie zu erwärmen. Dummerweise führt der Klimawandel dazu, dass der Arktis das weiße Shirt abhandenkommt. Und nicht nur das. Unter dem weißen Shirt kommt eine dunkle Oberfläche zum Vorschein: das Wasser des Arktischen Ozeans. Wie ein schwarzes Shirt erwärmt es sich unter dem Schein der polaren Sommersonne besonders gut.

So kommt es zu einem fatalen DOMINO-EFFEKT. Weil das Meereis schmilzt, kann es weniger Sonnenstrahlen reflektieren. Die Energie bleibt auf der Erde. Folglich werden Atmosphäre und Ozean noch wärmer. Das wirkt sich abermals aufs Eis aus, das im Herbst länger braucht, um überhaupt zu gefrieren. Und weil dann im kommenden Frühjahr weniger Meereis da ist, schmilzt es unter der Sonne stärker dahin. Und dann bekommt der Ozean noch mehr Wärme ab und so weiter. Der Trend ist klar: Immer weniger Meereis schickt in der Arktis immer weniger Sonnenstrahlung zurück, und das Eis und mit ihm das Klimasystem geraten in einen immer heißeren Teufelskreis.

Es gibt in der Arktis noch weitere solcher Effekte, die die ERWÄRMUNG verstärken. Und viele davon versteht selbst die Wissenschaft noch nicht ganz. Aber sie sind der Grund dafür, dass die Temperatur hier viel schneller als irgendwo sonst auf der Erde in die Höhe klettert und im Durchschnitt schon um 2 bis 4 °C gestiegen ist.

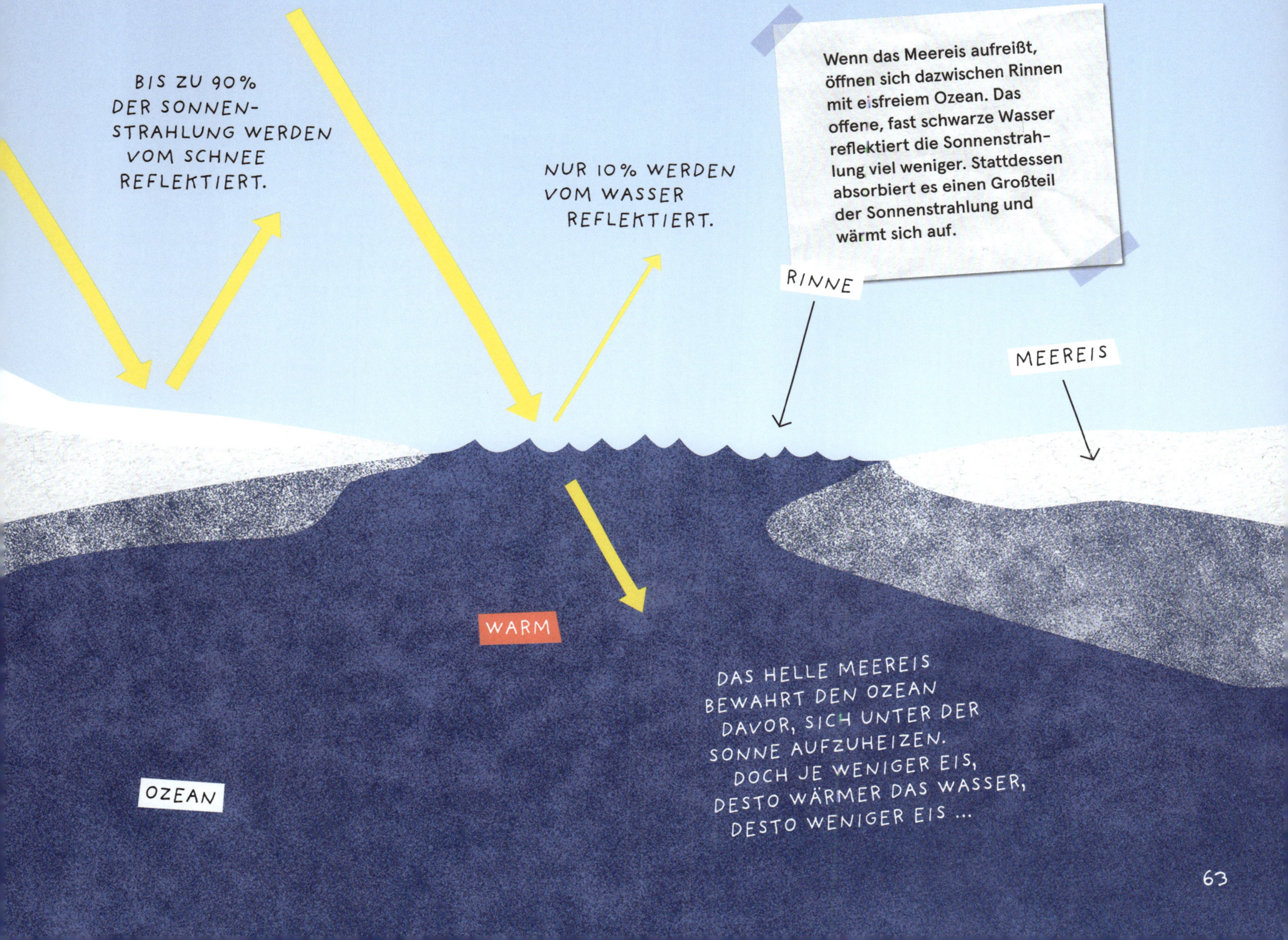

STEHT UNS DAS EISWASSER BALD BIS ZUM HALS?

ZAUBERTRICK? NÖ, PHYSIK: WENN DER EISWÜRFEL GESCHMOLZEN IST, STEHT DAS WASSER IM GLAS SO HOCH WIE ZUVOR.

Die Frage liegt nahe: Wenn so viel Meereis schmilzt, muss dann folglich nicht mehr Wasser im Meer sein? Infolge der globalen Erwärmung ist der Meeresspiegel seit Beginn des Industriezeitalters im Durchschnitt schon über 23 cm angestiegen. Das klingt nicht nach viel, aber wer an der Küste wohnt, dem kann das den Keller oder gar das Leben ganz schön unter Wasser setzen.

Dass der Meeresspiegel steigt, hat zwar tatsächlich mit schmelzendem Eis zu tun. Aber das Meereis hat daran keine Schuld – zumindest nicht direkt. Dass dies so ist, hängt mit den besonderen Eigenschaften von Wasser zusammen.

UNVERSENKBAR: SELBST WENN DU EINEN EISKLUMPEN MIT KRAFT INS WASSER WIRFST, TAUCHT ER ZWAR UNTER, TREIBT DANN ABER WIEDER NACH OBEN.

Die meisten Stoffe sinken, wenn sie fest werden. Die kleinen Teilchen, aus denen sie bestehen, die MOLEKÜLE, rücken dann näher zusammen. So werden die Stoffe dichter und schwimmen nicht mehr auf dem Wasser. Anders ist der Fall allerdings beim Wasser selbst: Wenn es gefriert und fest wird, dehnt es sich aus. Denn die Wassermoleküle entfernen sich beim Gefrieren weiter voneinander als in flüssigem Zustand. Deswegen schwimmt Eis immer oben. Zugleich ragt immer ein kleiner Teil, etwa 10 % der Eismasse, aus dem Wasser heraus – die berühmte »Spitze des Eisbergs«.

Wenn du ein Glas mit Wasser füllst und einen Eiswürfel hineinlegst, ist zwar der größere Teil des Würfels unter Wasser, aber er schwimmt tapfer oben. Wenn du dann die Höhe des Wasserstands mit einem Strich markierst und wartest, bis der Eiswürfel geschmolzen ist, siehst du: Der Wasserstand hat sich nicht geändert. Das liegt daran, dass der Teil des Eiswürfels, der aus dem Wasser herausragt, genau denselben Raum benötigt wie das Wasser des Eiswürfels, nachdem der Würfel geschmolzen ist.

Genauso wie der Eiswürfel schwimmt auch das Meereis im Meerwasser und nimmt dort einen bestimmten Raum ein. Das bisschen Eis, das zuvor oben aus dem Wasser herausgeragt hat

DIESE PALMENINSEL ERSÄUFT IN GLETSCHERWASSER.

passt nach dem Schmelzen genau in das Volumen, das unten frei geworden ist. Denn beim Schmelzen verwandelt sich das Eis in dichteres Wasser und braucht so weniger Platz. Das ist der Grund, warum schmelzendes Meereis kaum Auswirkung auf den Meeresspiegel hat.

Anders ist das aber mit dem Gletschereis, das sich an Land befindet, dort abschmilzt und dann ins Meer fließt. So geschieht es mit den gigantischen Eisschilden Grönlands oder mit dem noch gigantischeren, uralten Eisschild der Antarktis. Würden die Gletscher Grönlands vollständig schmelzen, würden die Meere weltweit um etwa 7 Meter steigen. Würde auch in der Antarktis alles Eis abschmelzen, würde der Meeresspiegel etwa 70 Meter höher liegen! Zwar wird das voraussichtlich so schnell nicht passieren, trotzdem sind die Wassermengen, die die riesigen Eisschilde schon jetzt ausschwitzen, gigantisch. 2019 war ein besonders heftiges Schmelzjahr. Der Eisschild Grönlands hat 532 Milliarden Tonnen Wasser verloren. Das ist so viel Wasser, dass jeder der gegenwärtig 7,7 Milliarden Menschen auf der Erde ein Jahr lang jeden Tag 190 Liter Wasser trinken könnte.

Der Meeresspiegel steigt aber noch aus einem anderen Grund: Wasser nimmt nicht nur in gefrorenem Zustand mehr Raum ein, sondern auch, wenn es wärmer wird. Süßwasser zum Beispiel dehnt sich ab 4 °C mit jedem weiteren Grad ein wenig weiter aus. Bei Meerwasser geschieht das sogar schon bei niedrigeren Temperaturen. Man nennt dies THERMISCHE AUSDEHNUNG. Weil durch die globale Erwärmung auch die Meere immer wärmer werden, klettern sie die Küsten empor. Und nun kommt das Meereis doch ins Spiel: Wenn es schmilzt, gelangt mehr Sonnenlicht in den Ozean darunter und erwärmt diesen. Und so dehnt er sich aus. Deswegen trägt auch das Verschwinden des arktischen Meereises indirekt etwas zum Steigen des Meeresspiegels bei.

Eigentlich ist es nicht richtig, von dem einen Meeresspiegel zu sprechen – man müsste »die Meeresspiegel« in der Mehrzahl sagen. Denn durch die Erdanziehungskraft ist der Meeresspiegel nicht überall gleich. Es gibt regionale Unterschiede. Doch in den letzten Jahren steigen die Meere auf bedenkliche Art immer schneller, und je nach regionalem Meeresspiegel ist das mehr oder weniger stark zu spüren. Wenn die Menschheit es nicht schafft, ihren Ausstoß an Treibhausgasen zu verringern, kann der Meeresspiegel laut Weltklimarat bis zum Jahr 2100 um 60 bis 110 Zentimeter ansteigen. Allein in Deutschland leben etwa 2 Millionen Menschen in Gebieten, die von Überflutungen und Sturmfluten gefährdet sein werden – also mehr Menschen als allein in Hamburg leben, der zweitgrößten Stadt in Deutschland. Weltweit wohnen 680 Millionen Menschen in flachen Küstenregionen. Viele müssen sich dann mit Deichen und Dämmen schützen – falls das überhaupt möglich ist. Sonst bleibt ihnen nur die Flucht.

190 FLASCHEN: WÜRDEN WIR VERSUCHEN, DAS SCHMELZWASSER AUS GRÖNLAND AUS DEM JAHR 2019 WEGZUTRINKEN, MÜSSTE JEDER MENSCH DER ERDE EIN JAHR LANG SO VIEL WASSER RUNTERSCHLUCKEN – JEDEN TAG.

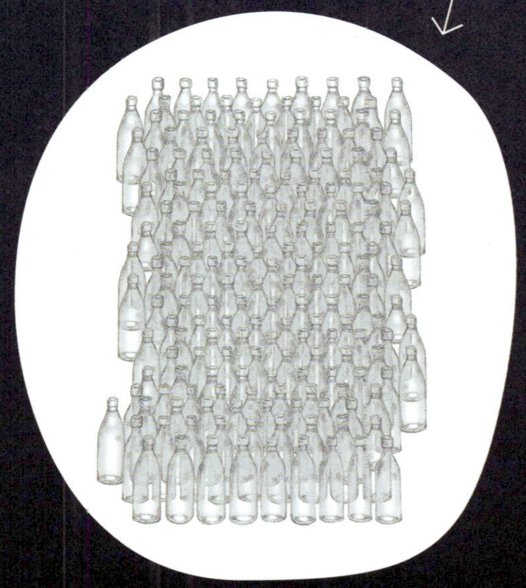

ZWISCHEN HIMMEL UND MEER

WASSERDAMPF WÜRDE MAN IN DIESER EISKALTEN GEGEND WOHL AM WENIGSTEN VERMUTEN.

Manchmal gibt es in der Arktis kein oben und unten mehr. Wenn Nebel oder Schneesturm über das Meereis ziehen, sind Himmel und Eis nicht mehr zu unterscheiden. Dann ist alles in Weiß getaucht und der Horizont verschwindet.

Polarforschende fürchten solches Wetter, denn für Menschen bedeutet es Lebensgefahr. Ohne Orientierung ist man auf dem Meereis verloren. Schließlich lauert darunter der Arktische Ozean, und die Luft ist so kalt, dass sie Tränen gefrieren lässt.

Wie eine Barriere liegt das Eis zwischen Atmosphäre und Meer und verhindert, dass die beiden sich berühren. Je weiter sich das Meereis ausbreitet und je dicker es ist, desto stabiler wird es und desto größer ist sein Einfluss. Doch wenn Stürme und Strömungen am Meereis zerren, reißt die schützende Eisdecke auf. In solchen Momenten ist das Eis erstaunlich laut. Es kracht und knirscht. Manchmal klingt es sogar, als würde es kreischen.

Dann passiert etwas Spektakuläres: Durch den RISS IM EIS trifft der bis zu −1,8 °C kalte Ozean auf die noch viel frostigere, bis zu −45 °C kalte Luft. Das ist ein extremer Temperaturunterschied! Im Vergleich zur Atmosphäre wirkt das Meer fast noch warm. Dadurch wärmt sich die Luft über dem Riss auf und schießt in die Höhe. Außerdem verdampft das Wasser aus dem Meer, sobald es mit der Atmosphäre in Kontakt kommt. In Schwaden steigt es mit der emporschießenden Luft auf. Manchmal zieht es dabei richtige Dunstfäden nach oben. Diesen gespenstischen Anblick nennt man SEERAUCH.

Durch den Riss gelangen also große Mengen Wärme und Feuchtigkeit in die arktische Atmosphäre, die sich dadurch erwärmt und mehr Wolken bilden kann. Welche enormen Auswirkungen das wiederum auf das Klima hat, erkundet die Expedition. Denn durch den Klimawandel ist das Meereis viel dünner und zerbrechlicher geworden, auch im Winter. Deswegen kommt es selbst in der Polarnacht viel öfter zu Rissen im Eis.

TEAM ATMOSPHÄRE

Ob Klima oder Wetter – beides spielt sich in der Atmosphäre ab. Und auch der Treibhauseffekt entsteht dort. Was sich also in Luft und Himmel verändert, hat weitere Auswirkungen auf das Klima. Deswegen ist die Atmosphärenforschung ein zentraler Teil der Klimawissenschaften.

DIE »DAMPFKUGEL« DER ERDE

Dünne Luft da oben: Je höher man steigt, desto dünner wird die Atmosphäre. Obwohl der Gasmantel der Erde ganze 10.000 Kilometer hoch ist, staunt wohl jeder Astronaut über den Anblick aus dem All: Von oben betrachtet, ist die Atmosphäre zart und verletzlich. Wäre die Erde ein Apfel, wäre die Gashülle nur so dünn wie die Schale!

Aus dem Griechischen übersetzt bedeutet Atmosphäre so viel wie »Dampfkugel«. Tatsächlich gehört Wasserdampf zu den Bestandteilen der Gashülle unseres Planeten, wenngleich nur in kleinen Mengen. Doch die Atmosphäre hat in ihrer Zusammensetzung viel mehr zu bieten. Unsere Luft besteht aus rund: 78 % Stickstoff, 21 % Sauerstoff, 1 % Argon (ein Edelgas).

Dazu kommen Tausende weiterer Gase und darunter auch die Bestandteile, die für die Klimaforschung von besonderem Interesse sind: SPURENGASE wie Kohlenstoffdioxid, Methan, Lachgas und Ozon.

Spurengase werden so genannt, weil sie in der Atmosphäre als Spur, also in geringen Anteilen vorkommen. Davon sollte man sich aber nicht täuschen lassen, denn manche Spurengase sind besonders wirksame Klimagase. Methan zum Beispiel.

Die Atmosphäre selbst lässt sich noch mal in verschiedene Schichten unterteilen. Unser Wetter spielt sich in der untersten Schicht ab, der TROPOSPHÄRE. Hier gibt es Schnee und Regen, Wind und Wolken, und auch uns Menschen.

Über den Polen ist die Troposphäre bis zu 12 Kilometer hoch, am Äquator bis zu 18 Kilometer. Darüber liegt noch eine Schicht, für die sich die Forscherinnen und Forscher der Polarstern interessieren: die Stratosphäre.

In der Stratosphäre, in der man sich schon langsam dem Weltall nähert, ist die Luft extrem kalt – allerdings nicht überall. Im unteren Bereich herrschen oft eisige −60 °C. Darüber wird es wieder wärmer, bis bei etwa 50 Kilometern Höhe Temperaturen um 0 °C erreicht sind.

Doch warum ist das so, wenn wir hier schon langsam aufs extrem kalte Weltall zufliegen? Die Antwort liegt in der OZONSCHICHT. Sie befindet sich mitten in der Stratosphäre. Ozon nimmt einen kleinen Teil der Strahlung des Sonnenlichts auf, wandelt diesen in Wärme um und sorgt dadurch in diesen Höhen für weniger tiefe Temperaturen. Und natürlich schützt die Ozonschicht die Erde vor gefährlicher UV-Strahlung.

ATMOSPHÄRE

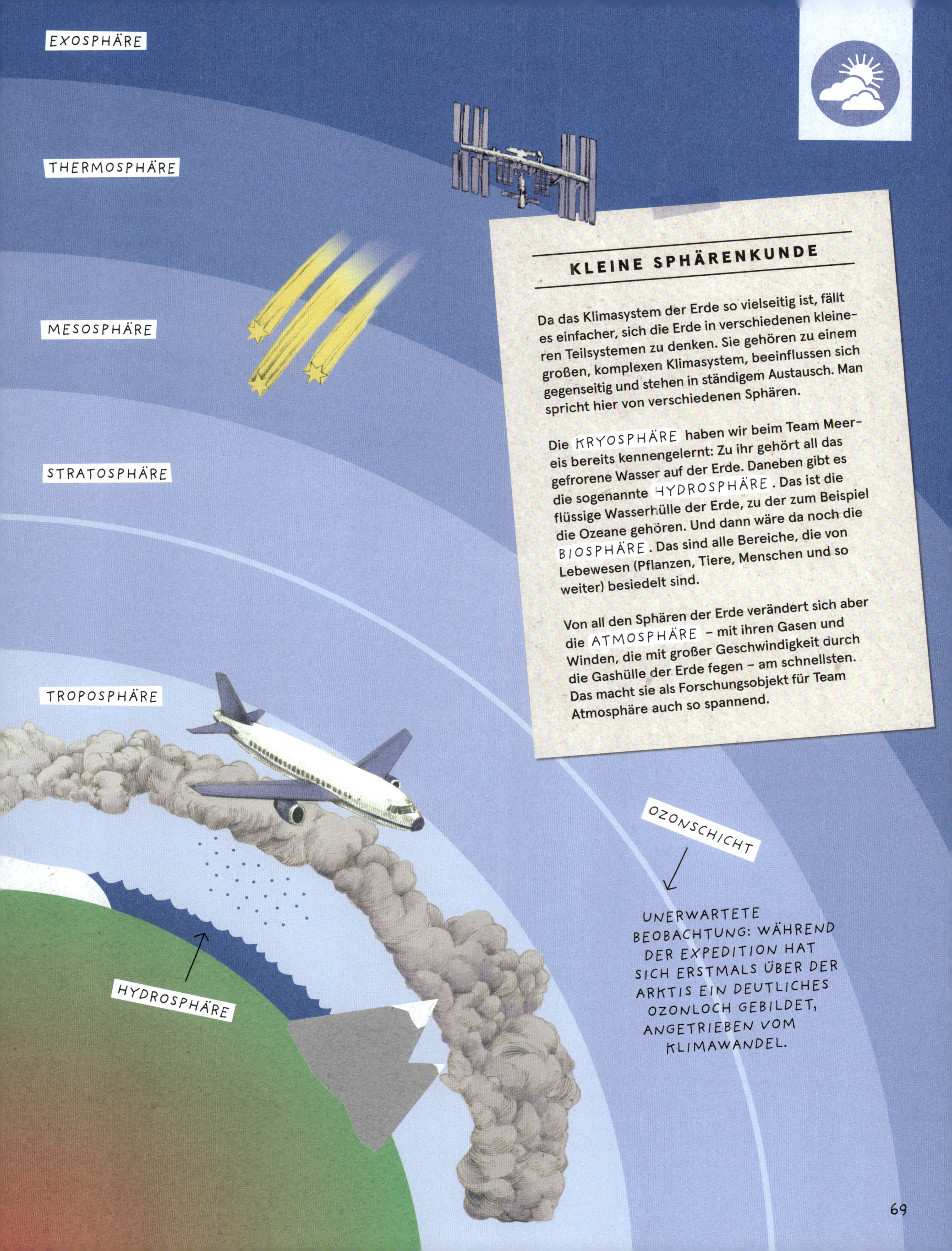

KLEINE SPHÄRENKUNDE

Da das Klimasystem der Erde so vielseitig ist, fällt es einfacher, sich die Erde in verschiedenen kleineren Teilsystemen zu denken. Sie gehören zu einem großen, komplexen Klimasystem, beeinflussen sich gegenseitig und stehen in ständigem Austausch. Man spricht hier von verschiedenen Sphären.

Die KRYOSPHÄRE haben wir beim Team Meereis bereits kennengelernt: Zu ihr gehört all das gefrorene Wasser auf der Erde. Daneben gibt es die sogenannte HYDROSPHÄRE. Das ist die flüssige Wasserhülle der Erde, zu der zum Beispiel die Ozeane gehören. Und dann wäre da noch die BIOSPHÄRE. Das sind alle Bereiche, die von Lebewesen (Pflanzen, Tiere, Menschen und so weiter) besiedelt sind.

Von all den Sphären der Erde verändert sich aber die ATMOSPHÄRE – mit ihren Gasen und Winden, die mit großer Geschwindigkeit durch die Gashülle der Erde fegen – am schnellsten. Das macht sie als Forschungsobjekt für Team Atmosphäre auch so spannend.

WIE MAN WOLKEN UND WINDE JAGT

Atmosphärenforscherinnen und -forscher jagen Wolken und winzige Partikel in der Luft, sie vermessen Winde, atmosphärische Schichten und Turbulenzen. Mithilfe ihrer supermodernen Forschungstechnik beobachten sie während der Expedition alles, was sich zwischen der Oberfläche von Eis und Ozean bis hinauf in einer Höhe von über 35 Kilometern abspielt. Das ist weit oben in der Stratosphäre und etwa drei Mal höher, als normale Passagierflugzeuge fliegen.

TEAM ATMOSPHÄRE »BLITZT« DEN WIND: MIT DEM RADARSYSTEM KANN ES DIE WINDGESCHWINDIGKEIT ERMITTELN.

FORSCHUNGSBALLONE starten regelmäßig aus »Balloon Town« in bis zu 35 km Höhe. Statt Passagierkanzeln baumeln an ihnen Messgeräte. Die kleinen Radiosonden erstellen Profile von den Schichten der Atmosphäre und bringen in Erfahrung, wo es dort oben wie kalt oder wie feucht ist oder auch, wie die Winde wehen. Ozonsonden vermessen die Ozonschicht und sogenannte Aerosolmessgeräte erfassen Eigenschaften von Staubpartikeln.

Das RADARGERÄT von Team Atmosphäre funktioniert ähnlich wie jenes, mit dem die Polizei auf der Straße Raser »blitzt«: Es schickt elektromagnetische Wellen aus. Treffen diese auf ein Objekt, zum Beispiel eine Wolke, werden sie wie ein Echo zurückgeworfen. Das Radargerät fängt dieses Echo auf und verrät so, wo sich das Objekt befindet oder was seine Eigenschaften sind, etwa wie viel Wasser in der Wolke enthalten ist.

Der bunteste und größte Ballon hat den Spitznamen MISS PIGGY. Die pummelige Ballon-Dame fliegt nicht davon wie die kleineren Ballons, denn sie ist mit einem langen Seil angebunden. Sie kann in mehr als 1500 m Höhe Aerosole, also winzige Schwebepartikel, jagen und misst Strahlung und Turbulenzen in der Atmosphäre. Allerdings ist Miss Piggy wetterfühlig: Wenn der Wind zu stark weht, kommt sie gar nicht erst aus ihrem Hangar.

TURBULENZEN SIND UNGEORDNETE STRÖMUNGEN UND VERWIRBELUNGEN IN DER LUFT.

Die ferngesteuerten FORSCHUNGSDROHNEN kreisen 1000 Meter hoch über den Köpfen der Forscherinnen und Forscher. Sie messen Temperatur, Luftdruck, Wind und noch vieles mehr.

Mit bemannten Fluggeräten wie den HELIKOPTERN und POLARFLUGZEUGEN lässt sich über weite Strecken messen, wie die arktische Atmosphäre beschaffen ist.

AUS DEN RISSEN IM EIS STEIGEN WÄRME UND FEUCHTIGKEIT AUS DEM MEER AUF. HIER VERHÄLT SICH DIE ATMOSPHÄRE DESWEGEN GANZ ANDERS ALS ÜBER FESTEM MEEREIS.

RISKANTE MANÖVER

DER WHITEOUT

Flugmanöver in der Arktis sind eine große Herausforderung für Pilotinnen und Piloten. Gefürchtet ist der sogenannte »Whiteout«: Bei Nebel oder Schneetreiben erscheinen der Himmel und der eisbedeckte Boden gleichermaßen weiß. Der Horizont wird unsichtbar. Oder es bildet sich Eis am Helikopter. Dann droht Absturzgefahr. Deswegen muss die Crew stets das Wetter im Blick behalten.

WARUM WOLKEN ZU WENIGER EIS FÜHREN

WOLKEN-
FORSCHUNG IN
FREIER WILDBAHN

Wer an Wolken denkt, denkt meistens auch ans Wetter. Schließlich haben Wolken direkten Einfluss darauf, ob die Sonne scheint, ob es regnet oder schneit. Wer sich mit Wolken auskennt und den Himmel beobachtet, kann sogar recht zuverlässig das Wetter für den nächsten Tag vorhersagen.

Wolken sind auch ein besonders wichtiger Teil des Klimapuzzles der Erde. Allerdings reichen dazu einfache Beobachtungen nicht aus, denn es geht um ihren Einfluss über längere Zeiträume hinweg. Und es geht darum, wie sich die Wolken durch den Klimawandel verändern, weil sie sich in einer wärmeren Atmosphäre anders verteilen. Aber wie? Um den Einfluss von Wolken auf das Klima zu verstehen, kommen Computermodelle zum Einsatz. Der Computer erstellt auf der Grundlage von Daten komplexe Vorhersagen.

Doch diese Wolken-Daten müssen erst mal gewonnen werden. Und jetzt wird es kompliziert: Da Wolken so flüchtig sind, ist Wolkenforschung alles andere als einfach. Wer eine Wolke am Himmel beobachtet, stellt fest, dass sie sich ständig verändert. Weil man sie nicht einfangen kann, gibt es sogar Wolkenlabore, in denen Wolken künstlich erzeugt werden. Eine andere Möglichkeit ist es, sie »in freier Wildbahn« zu erforschen, wie es die Wissenschaftlerinnen und Wissenschaftler während der Expedition tun.

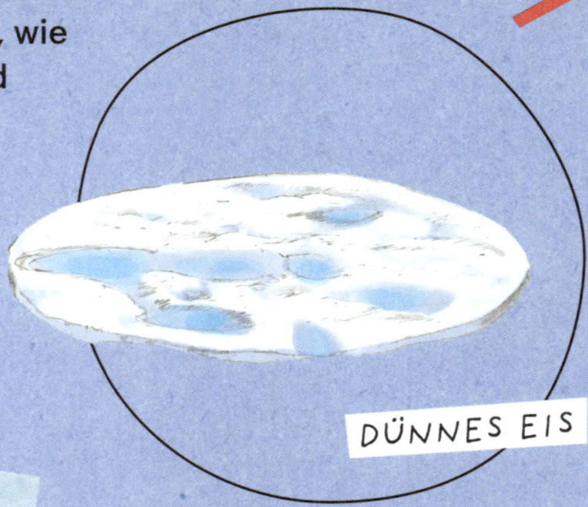

LOGBUCH

DATUM: 18.03.2020, TAG 181

POSITION: 86° NORD 12° OST

TEMPERATUR: -30,9°C

Es ist faszinierend, wie stark Schnee isoliert. Bei einer nur 1 cm dicken Schneeschicht haben wir heute zwischen Oberseite und Unterseite der Schicht einen Temperaturunterschied von ganzen 7°C gemessen.

⚓

EINE HYPOTHESE IST EINE WISSENSCHAFTLICHE ANNAHME. EINE DER HYPOTHESEN DER FORSCHERINNEN UND FORSCHER LAUTET:

JE MEHR KLIMAERWÄRMUNG
... DESTO MEHR RISSE IM EIS
... DESTO MEHR WASSERDAMPF
... DESTO MEHR MISCHPHASENWOLKEN
... DESTO MEHR SCHNEEFALL
... DESTO DÜNNERES EIS
... DESTO MEHR RISSE IM EIS
... DESTO MEHR KLIMAERWÄRMUNG
UND SO WEITER ...

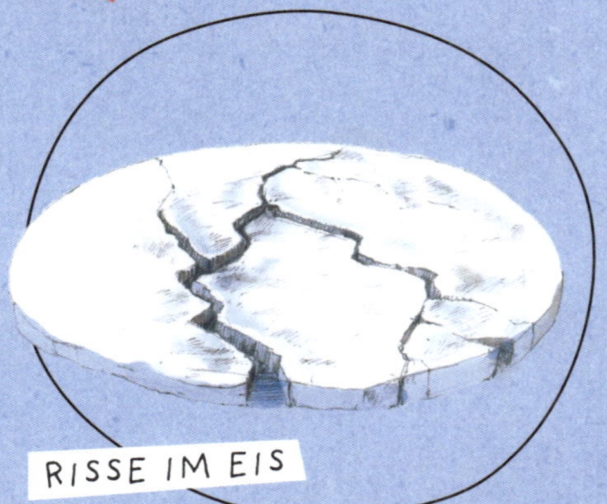

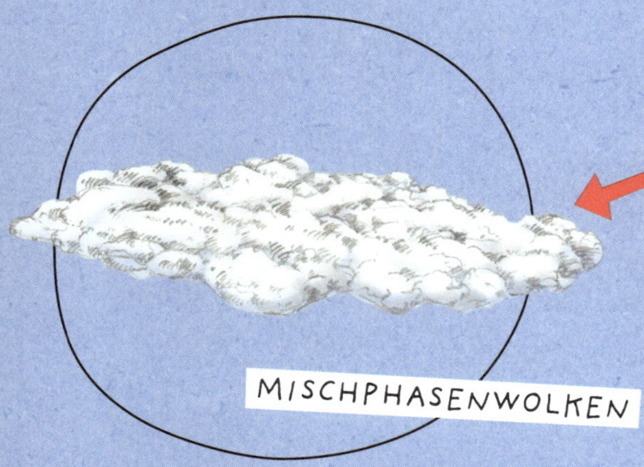

IST DIESE ANNAHME RICHTIG? DAS KÖNNEN NUR DIE DATEN ZEIGEN, DIE DIE EXPEDITION SAMMELT.

DER SCHNEE MACHT'S

Wo das Meerwasser eisfrei unter der klirrend kalten Atmosphäre liegt, steigt Wasserdampf auf. Aus diesem Wasserdampf werden Wolken geboren. Je öfter das Eis aufbricht, desto mehr Wasserdampf kann aufsteigen und desto mehr Wolken können sich bilden.

Es gibt unterschiedliche Wolkenarten, und eine ist besonders spannend: MISCHPHASENWOLKEN. Ihr etwas umständlicher Name verrät ihre Besonderheit: Sie bestehen zum Teil aus gefrorenen Eiskristallen, zum Teil aus flüssigen Wassertröpfchen. Solche Mischphasenwolken sind auch bei uns am Himmel häufig zu beobachten. Trotzdem wissen wir nicht besonders viel über sie – zumindest bislang. Team Atmosphäre versucht, ihnen am Nordpol viele Geheimnisse zu entlocken.

Eines ist aber schon bekannt: Aus diesen Mischphasenwolken fällt Schnee. Schnee ist zwar kalt, isoliert aber gleichzeitig auch bestens gegen Kälte. Wenn also besonders viel Schnee fällt, legt sich die Schneeschicht wie eine wärmende Decke auf das Meereis und schottet es von der arktischen Luft ab. Dadurch gefriert weniger Meerwasser zu Eis. Je mehr Schnee fällt, desto dünner ist also das Meereis.

WEIL SCHNEE SO GUT ISOLIERT, BAUEN DIE INUIT, DIE ZUR INDIGENEN BEVÖLKERUNG DER ARKTIS GEHÖREN, IHRE IGLUS SEIT JEHER AUS SCHNEE. DURCH DIE KÖRPERWÄRME ERREICHT DIE LUFT IM IGLU SOGAR ANGENEHME TEMPERATUREN VON 15 °C.

WOLKEN SIND KOMPLIZIERT

MANCHE WOLKENARTEN REFLEKTIEREN DIE SONNENSTRAHLEN ÄHNLICH WIE DAS HELLE MEEREIS.

Team Atmosphäre jagt auch Wolken, um zu verstehen, warum sich die Arktis so extrem schnell erwärmt. Denn Wolken haben einen direkten Einfluss auf die Temperatur. Je nachdem, welche Arten von Wolken sich bilden, kühlt sich die Arktis entweder ab oder sie erwärmt sich. Dieses Entweder-oder zeigt uns schon: Wolken sind superkompliziert.

In der Arktis ist es wie bei uns: Wenn an einem Sonnentag Wolken aufziehen, wird es meist kühler. Denn wie ein Sonnenschirm schützen die Wolken den Planeten vor der Sonnenstrahlung. Die Strahlung wird von den Wolken reflektiert, bevor sie die Erde erreichen kann.

Allerdings können Wolken nicht nur wie ein Sonnenschirm wirken, sondern auch wie eine wärmende Decke: Wird die Sonnenstrahlung nicht von Wolken aufgehalten, gelangt sie zum Erdboden und erwärmt ihn. Nun strahlt der Erdboden (oder auch das Meereis) selbst unsichtbare Wärmestrahlung ab. Wenn diese Wärmestrahlung auf ihrem Weg zurück Richtung Weltall aber wiederum von einer Wolkendecke aufgehalten wird, bleibt sie in der Erdatmosphäre gefangen. Dann wird es gerade wegen der Wolken wärmer.

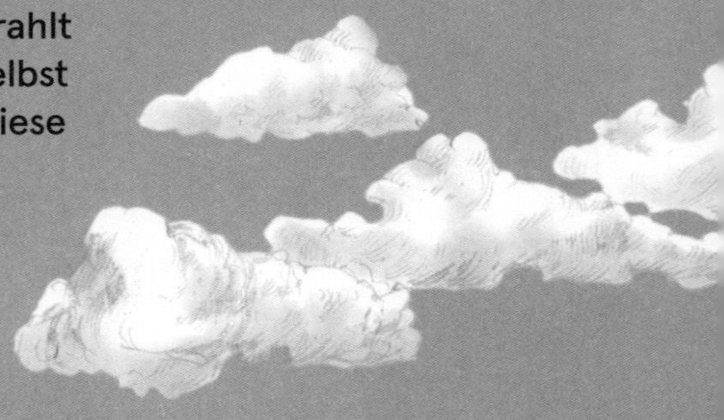

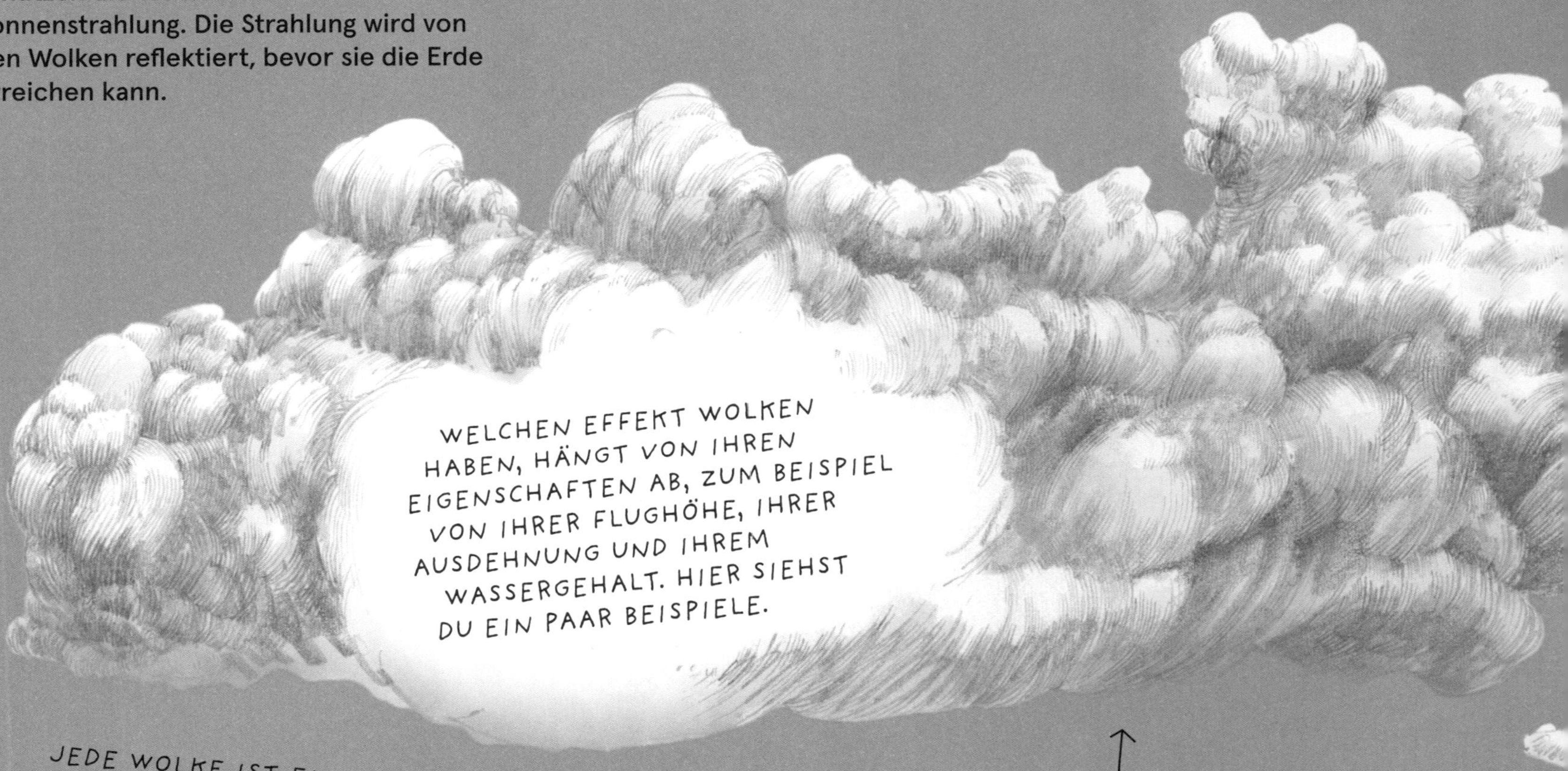

WELCHEN EFFEKT WOLKEN HABEN, HÄNGT VON IHREN EIGENSCHAFTEN AB, ZUM BEISPIEL VON IHRER FLUGHÖHE, IHRER AUSDEHNUNG UND IHREM WASSERGEHALT. HIER SIEHST DU EIN PAAR BEISPIELE.

JEDE WOLKE IST EINZIGARTIG. SCHLIESSLICH GIBT ES JEDE WOLKE NUR EIN EINZIGES MAL, UND DAS MEIST NICHT SEHR LANGE. IHRE ERFORSCHUNG IST WIRKLICH EINE HERAUSFORDERUNG.

TIEF HÄNGENDE, NASSE WOLKEN lassen zum Beispiel weniger Sonnenstrahlung durch. Unter ihnen wird es tendenziell kühler.

EISSTURMVÖGEL SIND WAHRE FLUGKÜNSTLER. ELEGANT GLEITEN SIE TIEF ÜBERM WASSER UNTER DEM OFT WOLKIGEN ARKTISCHEN HIMMEL DAHIN.

EISWOLKEN gibt es nicht nur in der eisigen Arktis, sondern auch bei uns in den mittleren Breiten. Eine bestimmte Eiswolkenart wird in der Fachsprache Zirrus genannt. Vielleicht kennst du sie als Federwolken, denn sie sehen aus wie zarte, sehr hoch oben schwebende Federn. Sie bestehen aus Eiskristallen und scheinen immer ein wenig »zerzaust«, weil sie von kräftigen Höhenwinden getroffen werden. Diese dünnen Eiswolken lassen die Sonnenstrahlen nicht vollständig zur Erde durch, senden aber auch kaum Wärmestrahlung zum Boden. Unter ihnen kühlt es also eher ab.

HOHE, NASSE WOLKEN mit viel flüssigem Wasser hingegen senden mehr Wärmestrahlung zum Boden zurück. Unter ihnen wird es wärmer.

FORSCHUNGSFLIEGER »POLAR 5« IST AUF BIS ZU 3000 M HÖHE UNTERWEGS. DAS IST DIE ETAGE DER MITTELHOHEN WOLKEN.

EXPERIMENT

MIT NACHTWOLKEN

Den wärmenden Einfluss von Wolken können wir auch zu Hause beobachten, und das am besten nachts. Wenn der Himmel sternenklar ist, schickt die Erde ihre Wärmestrahlung, die sie am Tag »gesammelt« hat, ins Weltall zurück. Dann wird die Nacht kalt. Wenn aber Wolken am Himmel hängen, fangen sie die Strahlung ab und senden ihre eigene Wärmestrahlung Richtung Erdboden. Es bleibt dann relativ mild.

Es gibt allerdings noch sehr viel mehr Wolkenarten. Alle haben unterschiedliche Auswirkungen auf das Klima. Und es ist sogar noch komplizierter: Denn ob eine Wolke wärmt oder kühlt, hängt auch sehr stark von der Region, von der Jahreszeit und sogar von der Tageszeit ab. Nachts wirken beispielsweise sogar Zirren erwärmend.

Und in der Arktis ist es sogar nochmals ein bisschen anders: Hier bringen manche Wolkenarten eher Erwärmung, die in anderen Regionen kühlend wirken. Das liegt an der langen Polarnacht und dem tiefen Sonnenstand. Und wir haben ja schon gesehen: Je wärmer es wird, desto mehr Risse gibt es im Eis, desto mehr Wasserdampf gelangt in die Atmosphäre und desto mehr Wolken gibt es. Und die sorgen dann für noch mehr Erwärmung.

WOLKENGEBURT

WELCHE ART VON WOLKE ENTSTEHT, HÄNGT AUCH VON DER ART DES AEROSOLS AB.

Machen Wolken den Klimawandel eher stärker oder schwächer? Das müssen die Forscherinnen und Forscher dringend herausfinden. Dazu müssen sie verstehen, unter welchen Umständen welche Arten von Wolken am Himmel erscheinen. Und dafür schauen sie sich einen ganz besonderen Moment im Dasein einer Wolke an: ihre Geburt.

Eine Wolke kommt nicht einfach aus dem Nichts. Zunächst braucht es Wasserdampf und der steigt in der Arktis aus dem viel wärmeren Ozean in die Atmosphäre auf. Doch auch Wasserdampf »verklumpt« nicht einfach am Himmel zu Wolken, es wird noch etwas anderes benötigt, sozusagen eine Keimzelle, die in der Luft schwebt: Das sind sogenannte AEROSOLPARTIKEL. An diesen winzigen Schwebeteilchen bleiben die Tröpfchen des Wasserdampfs hängen. Und wenn sich immer mehr Tröpfchen um die Partikel sammeln, entsteht eine Wolke.

Welche mysteriösen Teilchen schweben da aber eigentlich in unserer Luft, sogar in der vermeintlich so reinen Luft der Arktis? Aerosolpartikel gibt es überall auf unserem Planeten. Viele haben einen NATÜRLICHEN URSPRUNG. Sie bilden sich zum Beispiel aus chemischen Substanzen, die von Algen oder Pflanzen produziert werden und in die Luft gelangen. Es können auch kleine Salzkörnchen sein, die sich aus getrockneter Gischt bilden und durch die Gegend schweben. Andere dieser winzigen Partikel sind in der Luft fliegende Bakterien, oder sie bestehen aus Asche von Vulkanausbrüchen, aus Blütenpollen, Staub von kargen Böden oder anderen Krümeln, die vom Wind hochgeweht werden und sogar bis in die Arktis fliegen können.

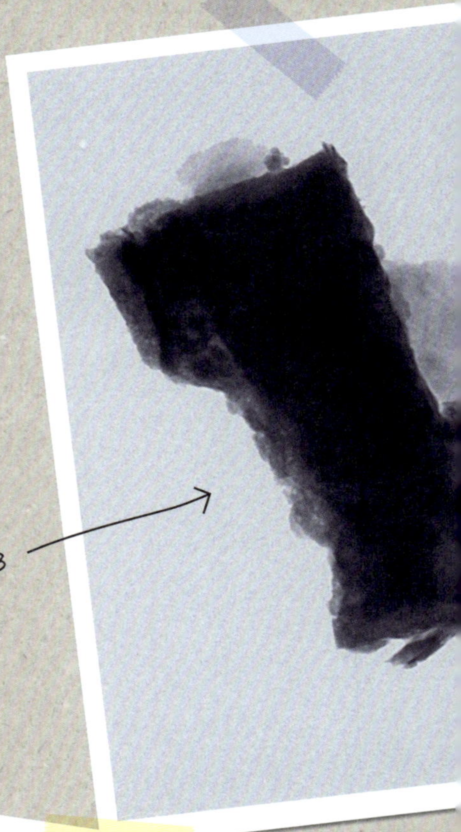

MINERALSTAUB

LOGBUCH

DATUM: 09.12.2019, TAG 81

POSITION: 86° NORD 120° OST

TEMPERATUR: -24,1 °C

Mit Lasern auf Wolken schießen: Unsere Lidar-Geräte sehen aus wie aus einem Science-Fiction-Film. Lidar steht für Licht-Radar. Statt Radiowellen schießt der Lidar allerdings Laserstrahlen in die Höhe, die dann auf Wolken, Treibhausgase oder Aerosolpartikel treffen. Je nachdem, wie das Laserlicht reflektiert und gestreut wird, wissen wir, wie viele Teilchen da sind, wie groß sie sind und welche chemische Zusammensetzung sie haben. Mithilfe unseres Lidars haben wir Aerosolpartikel aus Sibirien und Nordamerika in der Arktis entdeckt. Wir konnten sie zu Waldbränden, Wüstenstaub und Industrieverschmutzung zurückverfolgen – Luftverschmutzung sogar am Nordpol.

⚓

ALGENBLÜTE IM ARKTISCHEN OZEAN: DIESES PHYTOPLANKTON PRODUZIERT EIN GAS, DAS WIR ALS »GERUCH DES MEERES« KENNEN. DOCH IN DER LUFT KANN ES ZUR KEIMZELLE FÜR WOLKEN WERDEN. ALGEN SIND ALSO KLEINE WOLKEN- UND DAMIT KLIMAMACHER.

Es gibt allerdings auch ANDERE AEROSOLE, und die stammen VON UNS MENSCHEN. Sie entsteigen Kaminen und Industrieschloten oder kommen aus den Auspuffen von Autos oder Flugzeugen. Diese Schwebeteilchen haben also häufig denselben Ursprung wie das Treibhausgas Kohlenstoffdioxid! Viele dieser Aerosole sind dummerweise ziemlich schlecht für unsere eigene Gesundheit. Weil sie so winzig sind, können sie tief in die Atemwege geraten und Krankheiten auslösen. Wiederum andere Aerosole geraten durch gewaltige Waldbrände in die Atmosphäre. Die meisten dieser Brände werden von Menschen gelegt, etwa im südamerikanischen Regenwald. Dort muss der Wald Plantagen weichen für Pflanzen, die an die Tiere in der Massentierhaltung verfüttert werden, zum Beispiel bei uns in Europa, Asien und den USA. Was also die Menschen bei uns essen, hängt direkt mit dem Abbrennen von Regenwäldern und mit der Produktion von Aerosolen zusammen. In der Arktis findet man allerdings vor allem Schwebeteilchen von Waldbränden in Kanada und Sibirien – wo in den letzten Jahren bei immer höheren Temperaturen immer öfter Feuer zu finden sind, wo eigentlich Kälte herrschen sollte.

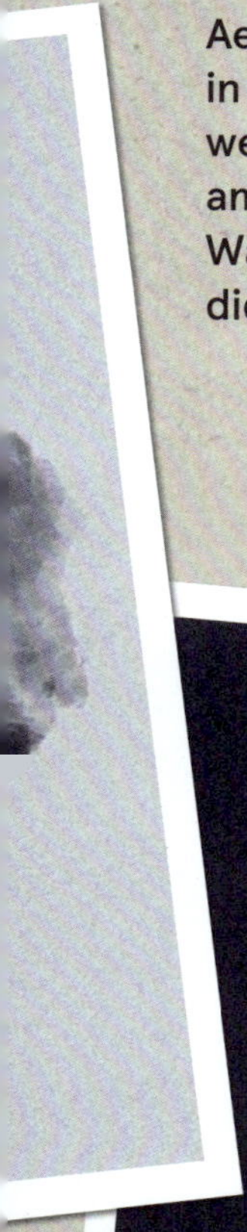

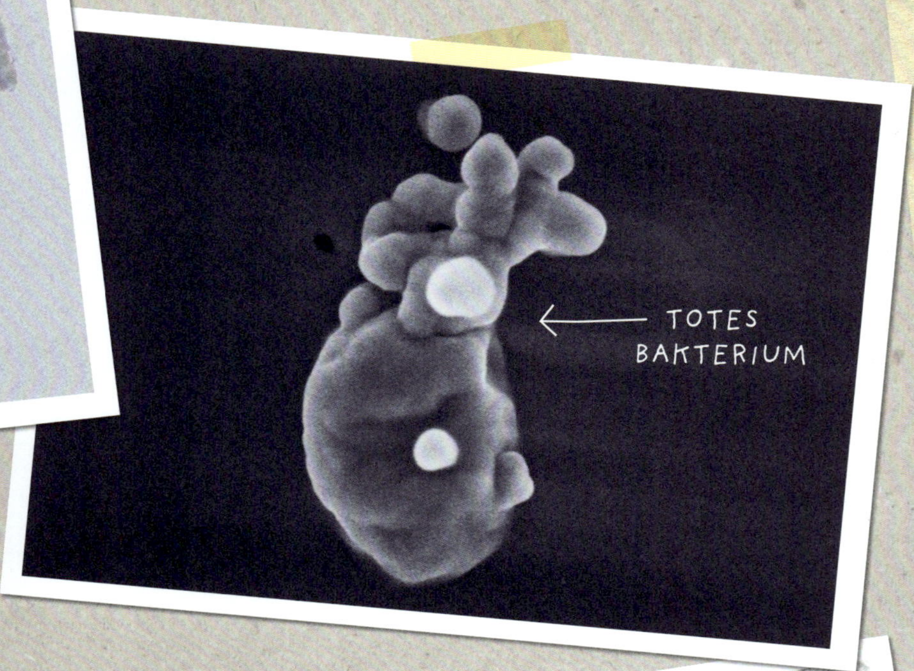

AEROSOLPARTIKEL

WINZIG, ABER NICHT UNSICHTBAR

Aerosolpartikel sind wirklich winzig. Selbst ein menschliches Haar ist hundert- bis tausendmal dicker. Trotzdem kannst du sie sehen: Wenn der Himmel im Morgen- oder Abendrot leuchtet, liegt das an den Aerosolen in der Atmosphäre. Das Licht bricht sich an den Partikeln, sodass die blauen und grünen Anteile verloren gehen. Wenn du in einiger Entfernung auf eine Stadt schaust, kannst du die Aerosole ebenfalls sehen: Oft sammeln sich die menschengemachten Partikel über dicht besiedelten Orten in einer sogenannten Smogglocke. Der Tageshimmel wirkt am Horizont dann nicht mehr blau, sondern rotbraun.

EIN RIESEN-RÄTSEL FÜR DIE FORSCHUNG

In der Atmosphärenforschung gibt es zu den kleinen Schwebepartikeln noch zahllose Fragezeichen. Welchen Einfluss haben sie beispielsweise auf Erderwärmung und Klima? Deswegen wird während der Expedition genau untersucht, welche Aerosole in der Arktis eigentlich vor- und wo sie herkommen. Team Atmosphäre jagt ihnen mit verschiedenen Instrumenten nach, von Forschungsballonen bis zu Lasergeräten. Und es beobachtet, ob und welche Wolken durch sie entstehen. Dabei arbeitet es eng mit einem anderen Team zusammen: dem Team Biogeochemie. Das erforscht eine natürliche Aerosolquelle inmitten der unwirtlichen Arktis, die Algen. Und es gibt eine Vermutung: Infolge des Klimawandels gedeiht in der Arktis das Phytoplankton, winzige Algen im Wasser, besonders gut. So kommt es zu mehr Algen-Aerosolen – und zugleich durch mehr Risse im Eis zu mehr Wasserdampf. So könnte sich die Wolkenbildung verändern, und das Team verfolgt genau, ob diese Wolken dann für ein kühleres oder milderes Klima rund um den Nordpol sorgen.

GEHEIMNISVOLLE TIEFEN

TEAM OZEAN

Ohne die Meere sähe das Klimasystem unserer Erde völlig anders aus. Denn sie speichern Wärme und befördern sie rund um die Erde – auch in jene Regionen, in denen eigentlich Kälte herrscht, wie in der Arktis. Zugleich besteht eine große Abhängigkeit zwischen den Ozeanen und der Atmosphäre, denn sie tauschen Wärme, aber auch zum Beispiel verschiedene Gase aus. Bevor Team Ozean auf der Polarstern in die zentrale Arktis gekommen ist, war kaum etwas darüber bekannt, was im Arktischen Ozean während des Winters vor sich geht. Nun taucht das Ozeanteam mit seinen Instrumenten in die Meerestiefe ein – in eine rätselhafte, schwarze und eiskalte Unterwasserwelt.

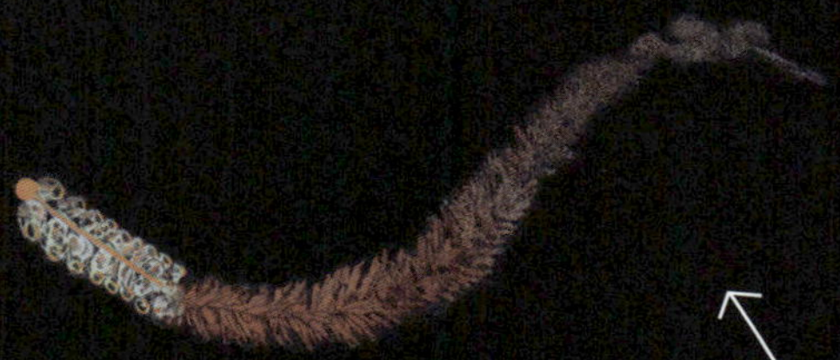

VON WEGEN LEBENSFEINDLICH: DIE EXPEDITION BEGEGNET SOGAR WUNDERSCHÖNEN STAATSQUALLEN.

Wenn sie das Eiscamp durchqueren, vergessen die Wissenschaftlerinnen und Wissenschaftler der Polarstern manchmal beinahe, dass sie sich nicht auf festem Land befinden. Dabei stehen sie auf einer nur dünnen Decke aus Meereis – worunter die kalte Dunkelheit des Arktischen Ozeans wartet. Um diese faszinierende Welt unter ihren Füßen zu erforschen, haben die Frauen und Männer im Campteil Ocean City ein Loch ins Eis gebohrt. Durch dieses Tor in die Tiefe lassen sie Messinstrumente in die Dunkelheit hinab. Mehr als 4000 Meter misst der Arktische Ozean und manchmal stoßen die Geräte bis zum Meeresgrund vor. Eines davon, die sogenannte CTD-ROSETTE, sieht aus wie kreisrund aneinandergebundene, große Flaschen. Hinter ihnen verbirgt sich das eigentliche Herzstück der CTD: Instrumente, die zum Beispiel den Salzgehalt und die Temperatur des Wassers messen. In den Flaschen kommen Wasserproben nach oben, für die Labore an Bord des Schiffs. Damit die Proben an der kalten Luft nicht sofort gefrieren, wird das Zelt rund um das Eisloch ein wenig beheizt. Das erklärt wohl auch, warum es für alle Teams so ein beliebter Treffpunkt mitten im Eiscamp ist.

IN MEERES-STRÖMEN UM DIE WELT

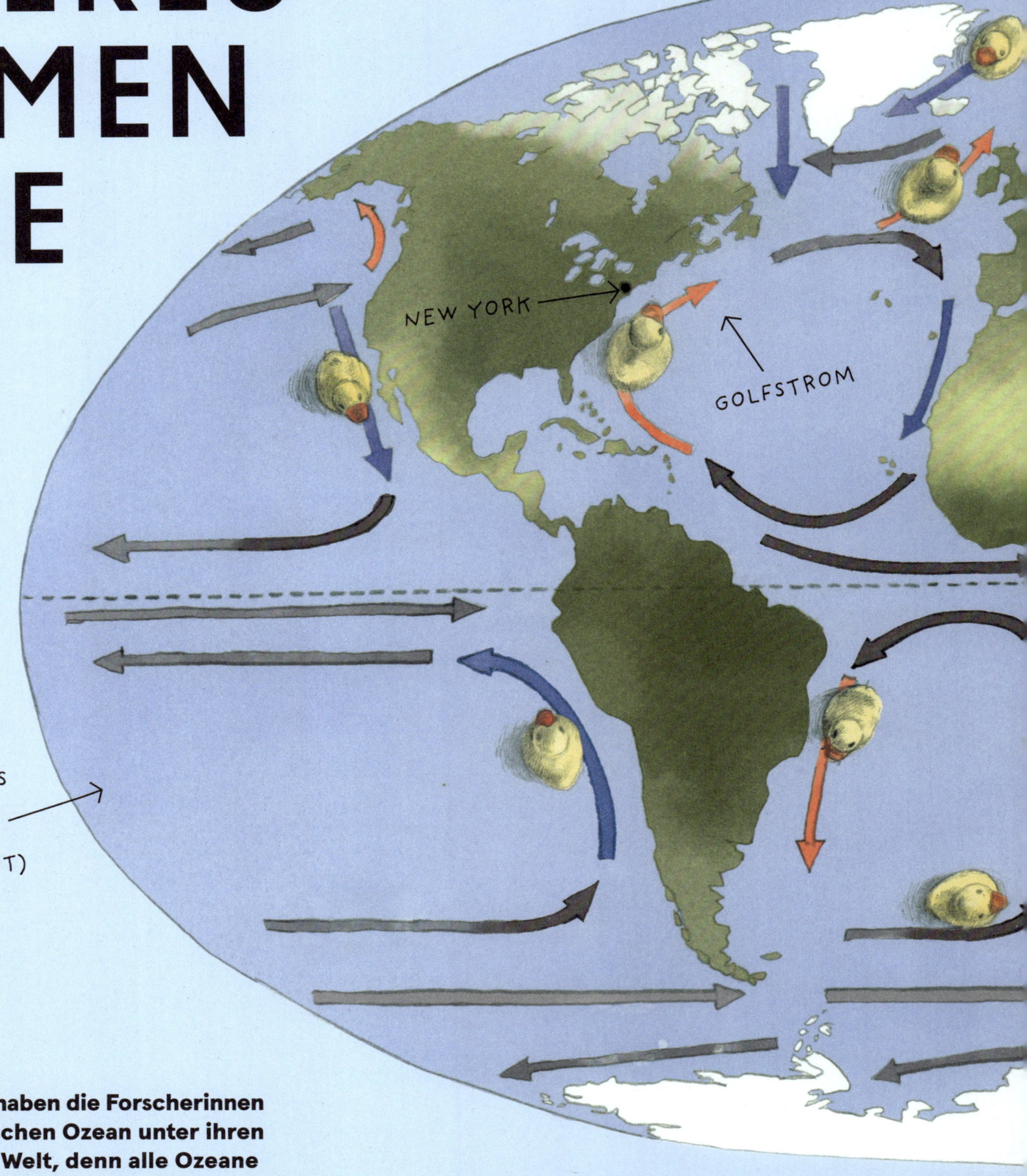

Durch das Eisloch in Ocean City haben die Forscherinnen und Forscher Zugang zum Arktischen Ozean unter ihren Füßen. Aber auch zum Rest der Welt, denn alle Ozeane der Erde sind durch Meeresströmungen miteinander verbunden. Würde Team Ozean also am Nordpol auf ein buntes Quietscheentchen stoßen, wäre das nicht besonders verwunderlich. Jawohl: Quietscheentchen.

1992 geriet ein Containerschiff im Pazifik in einen schweren Sturm. Das Unglück des Schiffs war ein Glück für die 29.000 bunten Entchen, Biber und Schildkröten aus Plastik in der Fracht: Sie gingen über Bord und entkamen in die Freiheit. In den folgenden Jahren erwiesen sie sich auch für die Meeresforschung als Glücksfall. Denn als sie in Chile, Australien oder auch Alaska an Land gespült wurden, lernte die Wissenschaft einiges über die Meeresströmungen. Viele der Plastiktiere schwimmen wohl heute noch durch die Meere der Welt. Vielleicht hat es eines sogar bis zum Nordpol geschafft.

Meeresströmungen muss man sich wie Flüsse inmitten der Meere vorstellen. Das hört sich vielleicht komisch an, aber Wasser kann durch Wasser strömen – und das, ohne sich stark zu vermischen. Die unterseeischen Wassermassen rasen nicht nur an der Meeresoberfläche, sondern auch in Tiefen von Tausenden Metern aneinander vorbei. Sie wirbeln umeinander herum und rauschen auf dem Meeresgrund wie Wasserfälle in die Tiefe des Ozeans. Unter der Meeresoberfläche geht es also wirklich turbulent zu.

Acht besonders große Meeresströmungen gibt es auf der Welt. Der Wind treibt sie mit an. Und nicht nur Quietscheentchen reisen mit ihnen, sondern auch

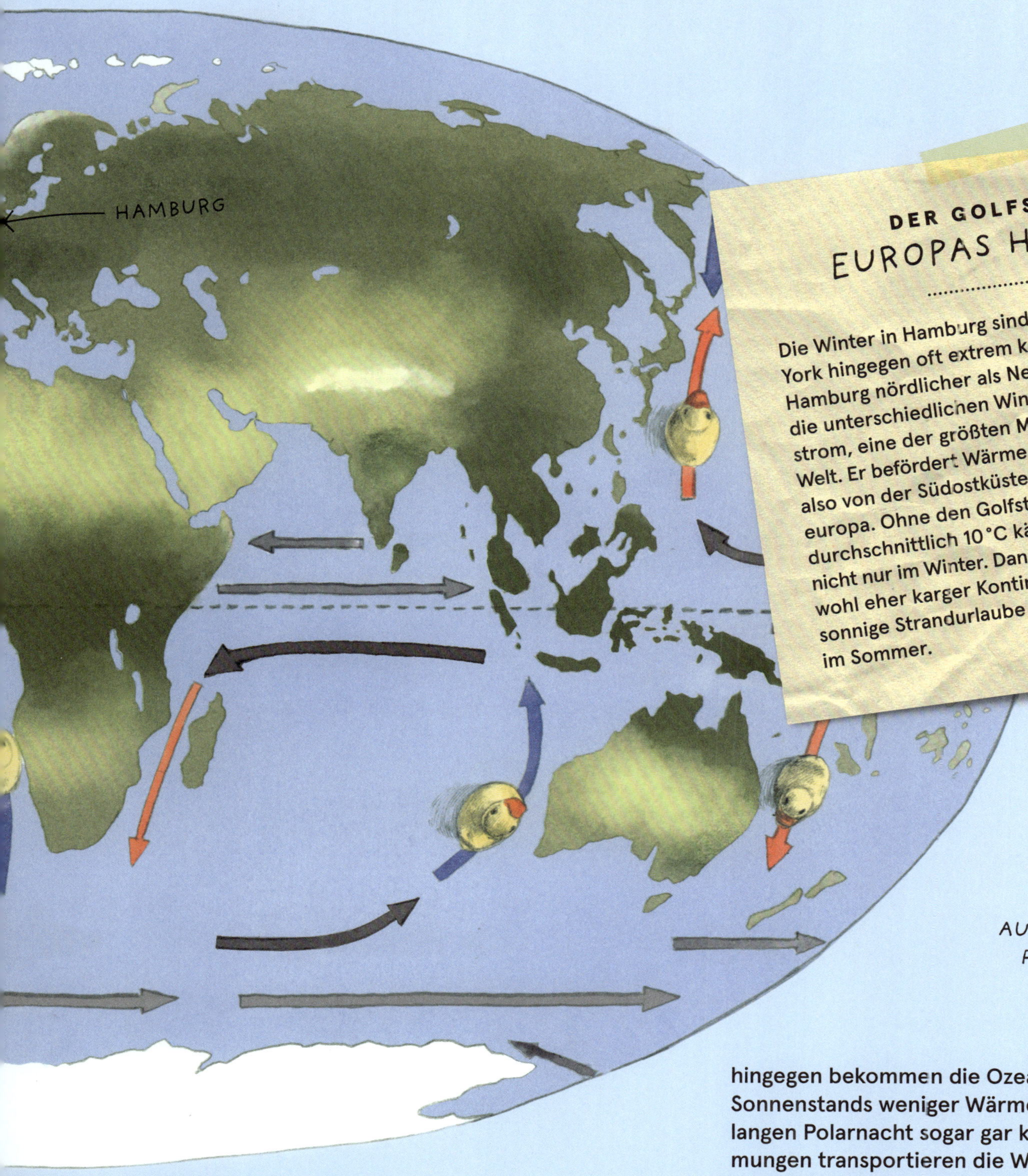

DER GOLFSTROM

EUROPAS HEIZUNG

Die Winter in Hamburg sind ziemlich mild, in New York hingegen oft extrem kalt. Und das, obwohl Hamburg nördlicher als New York liegt. Wieso also die unterschiedlichen Winter? Grund ist der Golfstrom, eine der größten Meeresströmungen der Welt. Er befördert Wärme aus dem Golf von Mexiko, also von der Südostküste der USA, bis nach Nordeuropa. Ohne den Golfstrom wäre es in Europa durchschnittlich 10 °C kälter – und zwar immer, nicht nur im Winter. Dann wäre Europa ein anderer, wohl eher karger Kontinent: ohne Blumenwiesen, sonnige Strandurlaube und viel besuchte Eisdielen im Sommer.

Wärme, Sauerstoff, Kohlenstoff, Nährstoffe, ebenso Eisberge und sogar Geisterschiffe – und leider in der heutigen Zeit auch jede Menge Müll.

MANCHE WÜRDEN SAGEN: MÜLL WIE DIE QUIETSCHEENTCHEN.

Durch diesen Transport von Wassermassen um den Planeten – oft werden die großen Meeresströmungen auch die GLOBALEN FÖRDERBÄNDER genannt – beeinflussen die Meere maßgeblich das Klima und Wetter auf der Erde. Denn sie sorgen für einen wichtigen Temperaturausgleich: Wenn die Sonne am heißen Äquator auf das Wasser herabbrennt, wird das Meer dort richtig warm. An den Polen hingegen bekommen die Ozeane wegen des niedrigeren Sonnenstands weniger Wärme ab – während der monatelangen Polarnacht sogar gar keine. Doch die Meeresströmungen transportieren die Wärme vom Äquator bis in die Polregionen. Auf dem weiten Weg in den Norden kühlt sich das Meerwasser immer mehr ab, bis es schließlich von den Polen aus erfrischt zurück in Richtung Äquator strömt.

Ohne das Strömungssystem der Meere wäre das Temperaturgefälle zwischen den Regionen an den Polen und am Äquator also noch viel größer. Und das gilt nicht nur für die Wassertemperatur, sondern auch für die Luft. Denn die Meere und die Atmosphäre geben ihre Wärme stets aneinander ab.

Man darf den Arktischen Ozean also nicht unterschätzen, nur weil er der kleinste von allen Ozeanen der Erde ist. Er ist zwar nicht mal eineinhalb Mal so groß wie Europa, doch er wirkt wie ein KÜHLAGGREGAT für die Erde und spielt eine enorm wichtige Rolle in unserem Klimasystem.

EIN MEER VOLL ÜBERRASCHUNGEN

Der Arktische Ozean ist dann aber doch kein Meer wie jedes andere. Er ist in der Tiefe relativ warm und an der Oberfläche geradezu süß!

Eigentlich ist es erstaunlich, dass Eis auf dem Arktischen Ozean schwimmt. Denn in etwa 200 Metern Wassertiefe spülen die Meeresströmungen enorme Mengen warmen Wassers aus dem Atlantik herbei. Sie tragen sogar so viel Wärme in die Arktis, dass sie das Meereis vollständig zum Schmelzen bringen könnten! Dass dies glücklicherweise nicht geschieht, liegt an der besonders starken WASSERSCHICHTUNG im Arktischen Ozean. Denn Wassermassen können nicht nur aneinander vorbeiströmen, sondern sich auch in Schichten übereinanderlegen, wenn sie sich in Temperatur und Salzgehalt unterscheiden. Denn dadurch unterscheidet sich auch ihre Dichte. Im zentralen Arktischen Ozean liegt die obere kalte und süße (also salzarme) Wasserschicht wie eine Barriere zwischen dem wärmeren Wasser in der Tiefe und dem Meereis, das auf der Oberfläche schwimmt.

In den Meeresregionen bei Grönland treiben diese Unterschiede in Temperatur und Salzgehalt die Meeresströmungen an. Denn kühleres und salzigeres Wasser ist dichter, deswegen schwerer, und bringt viel Bewegung in den Ozean, wenn es nach unten sinkt. Oben wird dann Platz frei für anderes Wasser, das heranströmen kann. Ein richtiger Sog entsteht und somit eine UMWÄLZBEWEGUNG im Wasser.

Wenn allerdings infolge des Klimawandels immer mehr Eis schmilzt, legt sich eine immer größere Schicht an leichterem Süßwasser auf den Arktischen Ozean – denn das Eis birgt fast kein Salz mehr. So ist der Ozean am Nordpol durch den Klimawandel schon um einiges süßer geworden. Das könnte wiederum die Zirkulation der Meeresströmungen beeinflussen – und damit wären wir dann wieder beim Einfluss auf das Klima.

AUF EDDY-JAGD

Manchmal knipsen sich Wassermassen von den großen Meeresströmungen ab und machen sich auf ihren eigenen Weg. Dann beginnen sie sich im Kreis zu drehen und durch die Meere zu rasen. Die Wissenschaft nennt diese Strömungs-Abkömmlinge Eddies, nach dem englischen Wort für WIRBEL. Eddies können Durchmesser von ein paar Hundert Metern bis zu 100 Kilometern haben! Ähnlich wie die Hoch- und Tiefdruckzellen auf der Wetterkarte sind sie dann sogar aus dem Weltall zu sehen.

Eddies wirbeln das Meerwasser gehörig durcheinander. Sie können warmes oder kaltes Wasser in entfernte Regionen transportieren, auch in die Arktis. Für die Meeresbewohner dort sind sie eine Art Lieferservice, denn sie wirbeln auch wichtige Nährstoffe heran.

LOGBUCH

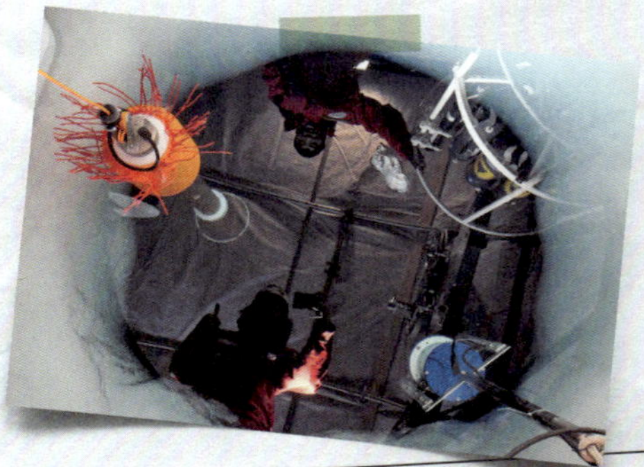

DATUM: 27.04.2020, TAG 221

POSITION: 83° NORD 15° OST

TEMPERATUR: -13,6°C

Täglich kommt unser »Hippie« zum Einsatz – ein oranges Instrument mit haarigen Fäden rund um den »Kopf«. Er taucht bis in 400 Meter Wassertiefe ab und zeichnet auf, wie turbulent es im Ozean zugeht. Vergangene Woche konnten wir beobachten, wie ein Sturm die oberen 70 Meter des Meerwassers gut durchgemischt hat.

WER WILL SCHON IMMER MIT DEM STROM SCHWIMMEN?

DIESES INSTRUMENT MISST DIE MEERESSTRÖMUNGEN. AUCH DER BÄRIGE BESUCHER FINDET ES INTERESSANT.

Eddies haben übrigens eine Art Reisepass dabei: Ihre Zusammensetzung aus Nährstoffen oder auch Spurenstoffen verrät, woher sie kommen. Spurenstoffe sind Rückstände von Schadstoffen, wie Dünger oder Arzneimittel. Eddies bringen also nicht nur Gutes. Das Forschungsteam macht sich deswegen auf Eddy-Jagd. Sie schauen sich genau an, ob die Eddies auch das warme Wasser aus der Tiefe des Arktischen Ozeans nach oben wirbeln und so ebenfalls dazu beitragen, dass das Meereis schmilzt. Denn dieses ohnehin wärmere Wasser dort unten, das aus dem Atlantik in die Arktis strömt, ist durch den Klimawandel noch wärmer geworden. Neben den Eddies hat Team Ozean aber auch den Wind in Verdacht: Die Forschenden beobachten, wie durch heftige Stürme Meereis und Polarstern viel schneller über den Ozean driften. Und ihre Messgeräte zeigen, dass dadurch auch die obere Wasserschicht ordentlich durchgemischt wird. Denn das dahindriftende Eis zieht das Wasser darunter geradezu mit sich. Auch so könnte also das wärmere Wasser aus der Tiefe nach oben gelangen und noch mehr Eis zum Schmelzen bringen.

FORSCHER-LATEIN FÜR OZEAN-PROFIS

DER ARKTISCHE OZEAN WIRD IMMER WÄRMER UND IMMER MEHR WIE DER ATLANTIK. SOGAR TIERE DRINGEN AUS WÄRMEREN REGIONEN NACH NORDEN VOR. MAN SPRICHT DESWEGEN VON EINER **ATLANTIFIZIERUNG** DES ARKTISCHEN OZEANS.

IMMER MEHR WÄRME, IMMER WÄRMERES MEER

Svante Arrhenius war ein kluger Mann. Schließlich mutmaßte der schwedische Physiker schon Ende des 19. Jahrhunderts beim Anblick rauchender Kohleöfen: Das könnte das Klima beeinflussen. Dennoch wurde der Klimawandel noch fast ein Jahrhundert lang unterschätzt. Mitschuld haben ausgerechnet die Meere, denn die haben uns einen Streich gespielt. Sie haben nämlich Folgen des Klimawandels geschluckt.

Die Meere sind ein gigantischer WÄRMESPEICHER. So bleibt ein Großteil der Wärme, die der menschengemachte Treibhauseffekt verursacht, nicht in der Atmosphäre, sondern versteckt sich im Wasser: Mehr als 93 % dieser Wärmeenergie haben die Meere bislang aufgenommen.

Dadurch sind wir zwar bislang glimpflicher davongekommen, aber im Meer sorgt die Erwärmung für ein gewaltiges Durcheinander. Etwa in der Meeresregion der Framstraße, auf die die Polarstern während der Expedition zudriftet. Hier, zwischen Grönland und Spitzbergen, fließt 3 bis 6 °C warmes Wasser, das mit dem gewaltigen Golfstrom durch den Atlantik herantransportiert wird, nach Norden in den Arktischen Ozean. Auf seinem Weg in die Arktis kühlt das Wasser ab, bevor es sich auf den Rückweg macht. Doch seit den späten 1990er-Jahren hat sich der Wasserstrom aus dem Atlantik bereits um 1 °C erwärmt. Das wirkt sich nicht nur auf das arktische Klimasystem aus. Auch an der Küste Grönlands strömt dieses wärmere Wasser vorbei und führt dort zum Schmelzen der vielen Gletscher, die hier weit ins Meer hineinragen.

GRÖNLAND

DRIFTENDE POLARSTERN

FRAMSTRASSE

DAS WÄRMERE WASSER FRISST SICH IN DIE TIEF INS MEER RAGENDEN GLETSCHER HINEIN. DIE EISMASSEN GRÖNLANDS SCHMELZEN HEUTE 7 MAL SCHNELLER ALS NOCH IN DEN 1990ER-JAHREN!

ATLANTIK

RETTER IM EISWASSER

DER ÜBERLEBENSANZUG

Auch wenn die Meere die Wärmespeicher der Erde sind: Durchs Eis zu brechen und ins eiskalte Wasser des Arktischen Ozeans zu fallen ist lebensgefährlich. Deswegen tragen die Forschenden bei riskanten Einsätzen spezielle Überlebensanzüge. Wer so einen trägt, fühlt sich zwar wie ein Froschmensch. Doch selbst im Eiswasser hält der Anzug den Körper trocken und lässt ihn ganz ohne Zutun oben auf dem Wasser schwimmen.

GESTÖRTE MEERESSTRÖMUNGEN

Zugleich beobachtet die Wissenschaft seit Jahren etwas Beunruhigendes: Der gewaltige Golfstrom schwächelt. Das SCHMELZWASSER der grönländischen Gletscher könnte der Grund dafür sein: Wenn sich dieses weniger dichte, leichtere Süßwasser auf die Oberfläche des Ozeans legt, kann dichteres Wasser nicht mehr so einfach nach unten in die Tiefe sinken. Das Schmelzwasser hemmt also einen wichtigen Antrieb des weltweiten Förderbands der Meeresströmungen. Deswegen denken manche Forscherinnen und Forscher, der Klimawandel könnte auf diesem Weg Europa sogar kälter machen: Je schwächer das globale Meeres-Förderband, desto langsamer der Golfstrom. Und folglich könnte dieser nicht mehr so viel Wärme aus dem Süden vor die europäischen Küsten pumpen.

Würde er versiegen, könnte es in der Gegend rund um Großbritannien, Skandinavien und Island sogar arktisch kalt werden. Zwar ist sich die Wissenschaft nicht einig, ob ein schwächerer GOLFSTROM wirklich zu solcher Abkühlung für Europa führt. Doch nicht zum ersten Mal würde so etwas in der Klimageschichte unseres Planeten passieren. Vor etwa 10.000 Jahren kam es zuletzt zu einer solchen Kälteperiode, als die Eisschilde schmolzen und ein gewaltiger Schmelzwassersee plötzlich ins Meer gelaufen ist. Das hat den Golfstrom so durcheinandergebracht, dass für Europa und Nordamerika gewissermaßen die Heizung ausfiel.

ACHTUNG, SAUER!

MEERWASSER MIT KOHLENSÄURE

Wir sollten den Ozeanen wirklich dankbar sein. Ohne sie würden wir die Folgen des Klimawandels bereits noch stärker zu spüren bekommen. Allerdings sorgt unser Ausstoß von Treibhausgasen nicht nur für steigende Wassertemperaturen, sondern er hat noch eine weitere Kehrseite. Denn Meerwasser speichert Kohlenstoffdioxid, und das in gewaltigen Mengen. Doch was macht das mit den Meeren?

Seit Beginn der Industrialisierung vor rund 200 Jahren haben die Ozeane mehr als ein Viertel der Kohlenstoffdioxid-Mengen aufgenommen, die wir Menschen durch Verkehr, Waldrodung, Tierzucht, Industrie und so weiter verursacht haben. Die Ozeane hatten bislang also noch eine Art Puffereffekt auf den Klimawandel. Befände sich dieses CO_2 nicht im Meer, sondern in der Atmosphäre, wäre die globale Erwärmung schon viel weiter fortgeschritten. Nochmals: Danke, Meer!

Wenn sich das Gas KOHLENSTOFFDIOXID in Wasser löst, entsteht Kohlensäure. Genau wie die, die uns auf der Zunge kribbelt, wenn wir Limonade trinken. Den Meeren allerdings schmeckt das nicht, und vielen Meereslebewesen schon gar nicht. Denn die Kohlensäure verschiebt das chemische Gleichgewicht der Meere. Diese sind durch das CO_2 schon um fast 30 % saurer geworden. Unser Ausstoß an Treibhausgasen verändert also keineswegs nur das Leben an Land, sondern auch die Welt unter Wasser.

MAN NENNT DIESES PHÄNOMEN OZEANVERSAUERUNG.

MEERESSCHMETTERLINGE SIND NUR 0,5 BIS 3 MILLIMETER KLEIN UND EBENSO SCHÖN WIE EMPFINDLICH.

DER BERÜHMTE CLOWNFISCH WIRD ETWA 8 ZENTIMETER LANG. ER LEBT GERNE IN KORALLENRIFFEN.

CO_2 IST BESONDERS IN KALTEM WASSER LÖSLICH – UND DAVON GIBT ES REICHLICH IN DER ARKTIS. DIE VERSAUERUNG TRIFFT DIE POLARMEERE DESWEGEN BESONDERS STARK.

MACHT NICHT LUSTIG

IST DAS MEER NUN SAUER?

Nein, das Meer schmeckt immer noch salzig. Ozeanversauerung meint nicht, dass das Wasser wirklich sauer wird, sondern nur eine Spur saurer. Oder anders gesagt: weniger basisch. Basen und Säuren sind Gegensätze. Ob etwas basisch oder sauer ist, hängt von der Konzentration von Säureteilchen ab. Der Wert wird in pH gemessen. Ein pH-Wert von 0 ist sozusagen supersauer. Ein pH-Wert von 14 dagegen sehr basisch (und genauso gefährlich wie Säure). Das Wasser im Ozean liegt bei einem lebensfreundlichen Mittelwert von 8,2. Es ist also leicht basisch.

Doch durch die menschengemachten Treibhausgas-Emissionen ist der pH-Wert auf 8,1 gesunken. Das sieht nach einem winzigen Unterschied aus, aber der pH-Wert folgt einer eigenen Einheit, einem sogenannten Logarithmus. Deswegen macht der Unterschied um 0,1 beinahe 30 % aus.

Bis zum Jahr 2100 könnte der pH-Wert der Meere auf 7,7 sinken. Damit wären sie um bis zu 150 % saurer geworden! Für viele Meeresbewohner wäre das fatal. Denn der pH-Wert sinkt so schnell, dass ihnen keine Chance bleibt, sich anzupassen.

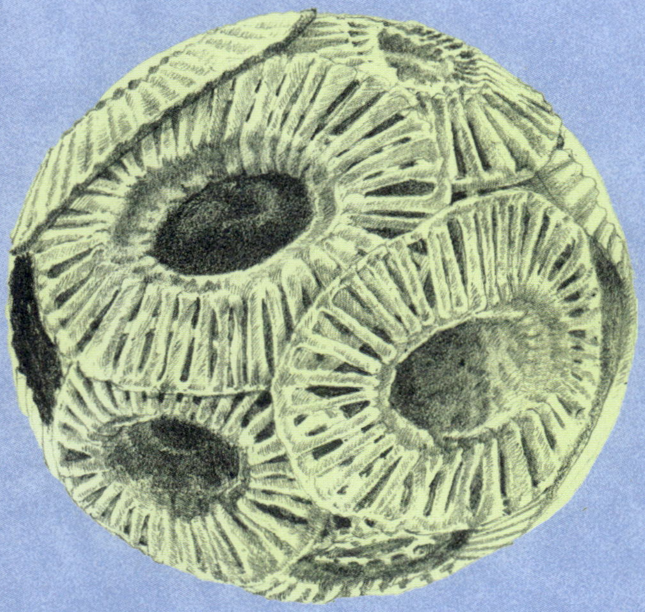

DIESE EINZELLIGE ALGE HEISST EMILIANA HUXLEYI UND IST 5 TAUSENDSTEL MILLIMETER WINZIG. SIE SCHWEBT IN GIGANTISCHEN MENGEN IN DEN MEEREN. SIE BILDET IHRE HÜLLE AUS KALKPLÄTTCHEN.

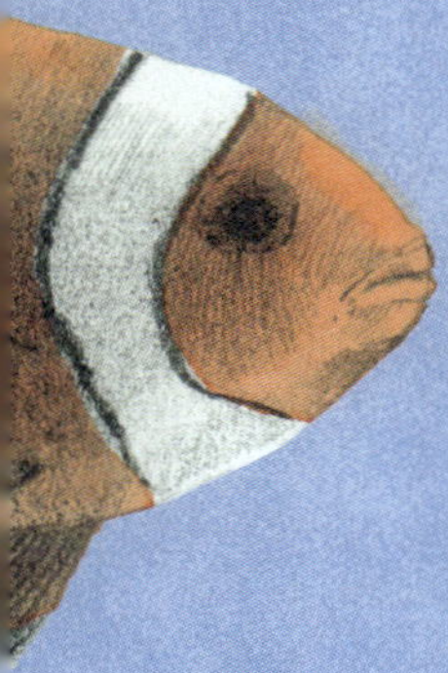

VERWIRRTE FISCHE, ZERLÖCHERTE MEERESSCHMETTERLINGE

Für das Ökosystem der Meere ist diese Versauerung ein Problem. Wissenschaftlerinnen und Wissenschaftler haben beobachtet, wie die orange gestreiften Clownfische auf saureres Wasser reagierten: Ihre Wahrnehmung kam völlig durcheinander. Sie schwammen sogar auf ihre Fressfeinde zu, statt möglichst schnell das Weite zu suchen. Fischkinder verloren offenbar ihren Geruchssinn und konnten ihre Eltern nicht mehr von anderen Tieren unterscheiden.

Eine Bedrohung ist die Versauerung auch für alle Lebewesen mit Kalkschalen: Muscheln oder Algen können in saurerem Wasser nicht mehr genügend Kalk für ihren Außenpanzer bilden. Ähnlich greift das saurere Wasser das Kalkskelett von Korallen an. Wenn Korallenriffe sterben, stirbt mit ihnen ein riesiger Lebensraum. In der Arktis hingegen sind die Meeresschmetterlinge gefährdet: Das sind winzige Flügelschnecken, die mithilfe ihres flügelartigen Fußes durch die Kälte des Nordpolarmeeres schweben. In saureren Meeren haben sie immer mehr Probleme, den nötigen Kalk für ihre kunstvollen Gehäuse aufzubauen. Sie sind eine der Schlüsselarten im arktischen NAHRUNGSNETZ, das in den Ozeanen Fische, Wale, Robben, Wasservögel und Eisbären und auch den Menschen ernährt. Fehlen sie, hat das Folgen für alle, die über dieses Nahrungsnetz verbunden sind.

MEER ODER MÜLLHALDE?!

Die 29.000 Quietscheentchen, die vor einigen Jahrzehnten von einem Containerschiff entkommen sind, haben der Wissenschaft viel über Meeresströmungen verraten. Doch sie sind nicht allein dort draußen. Sie sind sogar in besonders schlechter Gesellschaft. Neben den Entchen schwappen Abermillionen Tonnen von Plastikmüll durch die Weltmeere.

EISSTURMVÖGEL SIND VON DER PLASTIKPLAGE BESONDERS BEDROHT. DIESE ELEGANTEN FLIEGER PICKEN NAHRUNG VON DER WASSEROBERFLÄCHE. AUCH IN MÄGEN TOTER EISSTURMVÖGEL HABEN FORSCHER PLASTIK ENTDECKT. DIE TIERE MÜSSEN SICH GEFÜHLT HABEN, ALS SEI IHR MAGEN VOLL. DOCH KUNSTSTOFF IST UNVERDAULICH. DIE VÖGEL SIND MIT VOLLEM MAGEN VERHUNGERT. →

Willkommen im Plastikzeitalter! Ob in unserem Alltag oder auch in Straßengräben, auf Wiesen und Waldwegen – Kunststoff ist wohl der erfolgreichste Stoff unserer Zeit. Und das Problem, das daraus entsteht, ist oft viel offensichtlicher als der Klimawandel. Leider bauen sich Plastikabfälle nur sehr langsam ab. Sie werden von Wind und Wasser zermahlen oder durch die UV-Strahlung der Sonne zersetzt. So entstehen mikroskopische Partikel, das sogenannte MIKROPLASTIK, das durch die Umwelt geistert.

WIE KOMMT DER MÜLL INS MEER?

Einwegbecher, Besteck, Verpackung, Handys, Kleidung, Schuhe, Sportartikel, Fischernetze – fast überall haben wir natürliche Stoffe durch Plastik ersetzt. Wir führen ein Leben im Kunststoff. Unsere Schränke, unsere Kühlschränke, ja unser Alltag ist inzwischen voll davon. Zwischen 1976 und 2018 ist die Plastikproduktion weltweit um über 700 % gewachsen! Das ist eine irre Menge Müll. Das meiste Plastik im Meer stammt aus Ländern, in denen Abfall nicht recycelt wird – wie in vielen Ländern Asiens. Doch oft haben gar nicht die Menschen dort den Müll selbst produziert, sondern die Menschen bei uns. Um unseren Müll loszuwerden, wurde er einfach ins Ausland verkauft und dort dann leider nicht recycelt, sondern auf unkontrollierten Sammelplätzen gelagert. Von dort gelangt der Müll in die Natur und letztendlich auch ins Meer.

WIE LANGE DAUERT ES, BIS MÜLL ZU MIKROPLASTIK ZERMAHLEN IST?

Plastik-Einkaufstüte: 20 Jahre
Styroporbecher: 50 Jahre
Plastikflasche: 450 Jahre

MIKROPLASTIK MITGEGESSEN – MACHT DAS WAS?

Mikroplastik ist winzig klein. Nun gibt es immer mehr Hinweise darauf, dass sich die Partikel in Tieren anreichern und diese dadurch nicht mehr ausreichend Nahrung aufnehmen können. Außerdem haben Tests an Muscheln gezeigt, dass sich die verschlungenen Partikel im Gewebe absetzen. Dort lösen sie Entzündungen aus. Wenn Lebewesen wie Krebse das Plastik essen, kann es über das Nahrungsnetz in andere Tiere und auch in den Menschen gelangen. Und Plastik kann selbst wiederum Stoffe wie Weichmacher enthalten, die alles andere als gesund sind.

Für größere Tiere ist aber bereits der sichtbare Plastikmüll eine tödliche Gefahr. Schildkröten, Delfine und Vögel halten die Plastikteile für Essbares. Dabei sieht eine Plastiktüte im Wasser einer Qualle nicht nur zum Verwechseln ähnlich. Offenbar duftet Plastikmüll für Schildkröten wie ein netter Snack für zwischendurch, weil sich Algen darauf ansiedeln. Auch in den Mägen gestrandeter Wale kam immer wieder kiloweise Plastik zum Vorschein.

← ROBBEN VERHEDDERN SICH HÄUFIG IN SOGENANNTEN GEISTERNETZEN: FISCHERNETZE, DIE ACHTLOS IM MEER ENTSORGT WURDEN. WENN DU AM STRAND MÜLL FINDEST UND IHN WEGRÄUMST, HILFST DU, TIERE ZU RETTEN.

PLASTIKSUCHE AM NORDPOL

Niemand weiß genau, wie viel Plastik im Meer treibt. Manche schätzen, dass pro Jahr über 12 Millionen Tonnen davon in den Ozeanen landen. Das wäre ungefähr eine LKW-Ladung Plastik pro Minute! Ein Teil sammelt sich in großen Strudeln an der Wasseroberfläche. Viel mehr Plastik wird aber im Meerwasser zu winzigen Teilchen verrieben und sinkt in die Tiefe. Über Meeresströmungen und Winde verteilt es sich auf dem Planeten und gelangt sogar an die allerfernsten Orte.

Die Polarstern-Forscherinnen und -Forscher sind auf der Suche nach Mikroplastik, das es sogar bis in die Arktis geschafft hat. Man würde meinen, das sei eine Suche nach der Plastiknadel im Heu- oder besser Eishaufen. Aber man findet MIKROPLASTIK mittlerweile überall auf unserem Planeten, im Regen, in der Erde, in Tieren, auf Gletschern, und eben auch im Meereis. Schon bei einer früheren Untersuchung in der Arktis hat ein Forschungsteam in einem einzigen Liter geschmolzenem Meereis 12.000 winzige Plastikpartikel gefunden. Diese riesige Menge hat selbst die Forschenden erstaunt.

ALLES TOTAL ZUGEMÜLLT

WAS KÖNNEN WIR TUN?

Viel, jeden Tag! Jedes Mal, wenn wir etwa eine eigene Tasche mit zum Einkaufen nehmen, möglichst wenig aus Kunststoff kaufen oder uns offene Kekse beim Bäcker holen statt eingeschweißte im Supermarkt, sorgen wir für weniger Plastik. Auch wer recycelt, hilft, Eissturmvögel, Wale und andere Meerestiere zu schützen.

DER MARIANENGRABEN IST DER TIEFSTE MEERESGRABEN DER WELT. DORT UNTEN HAT IM JAHR 2020 EIN FORSCHUNGSTEAM IN 6500 METERN TIEFE EINEN BISLANG UNBEKANNTEN FLOHKREBS ENTDECKT. DER KREBS HINGEGEN KANNTE UNS MENSCHEN SCHON, ODER BESSER: UNSEREN MÜLL. ER HATTE MIKROPLASTIK IM KÖRPER. SO WURDE ER »EURYTHENES PLASTICUS« GETAUFT.

DIE SCHOLLE SCHÜTZEN

Das Expeditionsteam der Polarstern achtet darauf, seine Scholle und die Arktis so wenig wie nur möglich zu verschmutzen und so wenig wie möglich zum Treibhauseffekt beizutragen. Auf dem Eis darf nichts weggeschmissen werden. Die Menschen schützt das auch, denn »duftender« Müll würde Eisbären anlocken. Also lieber täglich alle Abfälle zurück an Bord bringen. Dort werden sie getrennt und entweder an Land entsorgt oder, wie im Fall von Küchenabfällen, an Bord verbrannt. Und die Expedition hat einen Vorteil: Zwar muss die Polarstern heizen. Aber mit der Eisdrift nutzt das Schiff einen CO_2-freien Öko-Antrieb.

LOGBUCH

DATUM: 23.11.2019, TAG 65

POSITION: 85° NORD 120° OST

TEMPERATUR: -20,6 °C

Licht aus im Dunklen Sektor! Hier erforscht Team Biogeochemie, was die Mikroorganismen im Eis während der Polarnacht treiben – denn diese kleinen Wesen können Klimagase bilden. Wir entnehmen mit Bohrern lange Eiskerne und bringen sie für genauere Analysen ins Labor auf die Polarstern. Dabei müssen wir eine andere Art von Verschmutzung vermeiden: Lichtverschmutzung. Damit die arktischen Organismen nicht auf das künstliche Licht reagieren und so die Forschungsergebnisse verfälscht werden, darf im Dunklen Sektor nur Rotlicht zum Einsatz kommen.

LOGBUCH

DATUM: 07.01.2020, TAG 110

POSITION: 87° NORD 114° OST

TEMPERATUR: -29,1 °C

Die Polarnacht lebt! Ob Robben, Dorsche oder Plankton: Sogar im tiefsten Winter ist das Leben aktiv – und knabbert unsere Datenkabel an. Seit Tagen besucht uns ein Polarfuchs, über den wir uns eigentlich sehr freuen ... hätte er nur andere Geschmacksvorlieben. Wir müssen verhindern, dass er sich den Magen verdirbt.

LEBEN IM EXTREM

TEAM ÖKOSYSTEM

Monate völliger Finsternis, eine Landschaft aus driftendem Meereis und ein Ozean mit Wassertemperaturen um den Gefrierpunkt: Eine gemütliche Umgebung sieht anders aus als die zentrale Arktis. Dennoch ist sie voller Leben, das sich rund um das Meereis abspielt: darauf, darunter und sogar mittendrin. Vor der Expedition der Polarstern hatte die Wissenschaft viele offene Fragen. Was treiben die Lebewesen in der Dunkelheit der Polarnacht? Wie viele überstehen den Winter, welche von ihnen sind auch in der Nacht aktiv? Nutzen sie vielleicht sogar das Mondlicht, um Stoffwechsel zu betreiben? Wie sieht das Nahrungsnetz aus, wer isst dort draußen wen? Und was geschieht, wenn nach Monaten der Dunkelheit im Frühjahr das Licht zurückkehrt?

Team Ökosystem schaut sich die Lebensformen in Eis und Ozean genau an, um diese Fragen zu beantworten. Und diese Antworten sind dringend nötig. Das Schmelzen des Eises und die steigenden Ozeantemperaturen bringen viele der arktischen Lebewesen in Gefahr. Da sich die Arktis so dramatisch verändert, müssen wir sie verstehen. Dann können wir die richtigen Entscheidungen treffen, um dem polaren Ökosystem zu helfen.

DIE KÖNIGE DER ARKTIS

EISBÄREN-BESUCHE IM CAMP

Im Weiß der Arktis sind sie beinahe unsichtbar: Eisbären, die unangefochtenen Herrscher der Arktis, sind ein Paradebeispiel für perfekte Anpassung an ein Leben im Extrem. Mit ihren nahen Verwandten aus Alaska, den Kodiakbären, gelten sie als die größten Landraubtiere der Erde. Die Expedition der Polarstern wagt sich tief hinein in ihr Reich – und muss Vorbereitungen treffen, um sich vor den Herrschern der Arktis zu schützen.

Wer einem Eisbären das Fell bürstet (was man selbstverständlich unterlassen sollte), wird überrascht: Unter dem weißen Fell ist die Haut dunkel, fast SCHWARZ. Denn der Eisbär ist ein echter Experte im Umgang mit Kälte: Seine Haare sind genau genommen nicht weiß, sondern durchsichtig. Fällt das Sonnenlicht durch sie hindurch, scheint es direkt auf die dunkle Haut, die die Sonnenwärme bestens aufnimmt. Und darunter liegt dann noch eine fast 10 Zentimeter dicke, schützende Fettschicht.

ER HEISST IM WISSENSCHAFTSLATEIN NICHT EIS- SONDERN MEERESBÄR! TATSÄCHLICH GILT DER MEEREISBEWOHNER ALS MEERESTIER.

STECKBRIEF
DER EISBÄR

WISSENSCHAFTLICHER NAME
URSUS MARITIMUS

GEWICHT
ETWA 600 KG

GRÖSSE
ETWA 2,50 M KÖRPERLÄNGE
ETWA 1,60 M SCHULTERHÖHE

GESCHWINDIGKEIT
ETWA 40 KM PRO STUNDE (RENNEND)

VOR EINEM BÄREN WEGZURENNEN IST ALSO MEIST KEINE SINNVOLLE IDEE ...

GEFÄHRDETE KÖNIGE

Eisbären leben an den arktischen Küsten und auf dem Packeis – und bevorzugt von der ROBBENJAGD. An Atemlöchern in den Schollen lauern sie der Beute auf. Menschen meiden sie zwar für gewöhnlich, doch Eisbären sind sehr neugierig.

DAS BEKOMMEN AUCH DIE INSTRUMENTE IM EISCAMP IMMER WIEDER ZU SPÜREN.

Als König und Königin der arktischen Eiswelt haben die Bären zwar keine natürlichen Feinde. Ein umso größerer Bärenfeind ist aber der Klimawandel. Mit dem schmelzenden Meereis schwindet ihnen die Lebensgrundlage unter ihren Bären-Pranken: die Robben-Jagdgründe zwischen Festland und Nordpol. Ohne die weite Schollenfläche sitzen Bären immer länger an der Küste fest, wo sie vor Hunger die menschlichen Siedlungen und Müllhalden durchsuchen. In Sibirien sollen im Jahr 2019 einmal ganze 50 Eisbären zugleich auf der Suche nach Nahrung durch ein Dorf gestreift sein!

DRINGEND NÖTIG

BÄRENSCHUTZ

Um sich und auch die Tiere selbst zu schützen, ist die Expedition gut gegen Bärenbesuch gewappnet: Ein Stolperdraht umgibt das Eiscamp. Tritt ein Bär darauf, zündet eine pyrotechnische Rakete, die das Tier mit Leuchten und Zischen von seinem Besuch abschreckt. Auf der Brücke der Polarstern beobachten Infrarotkameras, ob sich ein Tier dem Camp nähert. Bärenwachen begleiten die Wissenschaftsteams auf dem Eis. Auch die meisten Forschenden sind speziell dafür ausgebildet. Manche der Wachen nutzen sogar Helme mit Nachtsichtfunktion. Wenn doch mal ein Eisbär im Camp auftaucht, ziehen sich alle sofort auf die Polarstern zurück.

KÖRPERFORM UND FLOSSEN MACHEN ROBBEN ZU HERVORRAGENDEN SCHWIMMERN. DOCH AUCH DER EISBÄR HAT SCHWIMMHÄUTE ZWISCHEN DEN ZEHEN.

EISBÄREN KÖNNEN MONATELANG FASTEN. GESUNDE TIERE HALTEN NOTFALLS 200 TAGE OHNE NAHRUNG DURCH. DOCH WENN DER KLIMAWANDEL UNGEHINDERT VORANSCHREITET, DROHT IHRE ROBBEN-JAGDSAISON AUF DEM MEEREIS ZU KURZ ZU WERDEN. SOGAR KRÄFTIGE EISBÄREN WÜRDEN DANN EINFACH VERHUNGERN.

WIE POLARDORSCHE MIT DEM EIS REISEN

PER ANHALTER DURCH DIE ARKTIS

Er hat Gefrierschutz im Blut und nutzt das Meereis als Reisevehikel – der kleine Polardorsch ist ein echter Extremfisch. An die Umweltbedingungen des Nordpolarmeeres hat auch er sich bestens angepasst. Er ist außerdem eines der wichtigsten Tiere im arktischen Nahrungsnetz.

Während der Eisbär die Oberseite des Meereises beherrscht, haben sich die Polardorsche auf der anderen Seite der Eisdecke eingerichtet: Als Jungfische leben sie in den Rissen und Höhlen, die die Unterseite des Meereises durchziehen. Hier sind sie sicherer vor Fressfeinden.

Doch sie nutzen in ihrer Jugendzeit das Eis nicht nur als Heim. Vermutlich nehmen Polardorsche wohl dieselbe DRIFT-ROUTE wie die Polarstern während ihrer Expedition: Sie steigen als Jungtiere in die Eisschollen ein und lassen sich dann quer durch die Arktis tragen.

Team Ökosystem versucht herauszufinden, wie die kleinen Jungfische dort draußen in den extremen Bedingungen der Zentralarktis überleben – und von was. Klar ist bislang nur: Im Sommer futtern sich die Fischchen durch das ZOOPLANKTON, das an der Unterseite des Meereises lebt oder in den oberen Wasserschichten vorbeitreibt. Ganz oben auf dem Speiseplan stehen: kleine Flohkrebse.

Weil sie das winzige Zooplankton essen und selbst von den größeren Wirbeltieren der Arktis verspeist werden, sind die Polardorsche eines der wichtigsten Bindeglieder im arktischen NAHRUNGSNETZ.

Erst ab Wassertemperaturen von 0 °C oder weniger fühlt sich der Polardorsch wohl. Und dafür ist er bestens gerüstet: Eine biochemische Substanz in seinem Körper verhindert, dass sein Blut in dieser eiskalten Umgebung gefriert.

LOGBUCH

DATUM: 01.02.2020, TAG 135

POSITION: 87° NORD 95° OST

TEMPERATUR: -35,5 °C

Mit unserer Fischkamera und dem Tauchroboter »Beast« blicken wir in eine wunderbare und erstaunlich belebte Welt: unters Meereis. Für Menschen wäre ein Tauchgang gefährlich, da sich das Eis jederzeit bewegen und den Zugang verschließen könnte. Bei den Tauchfahrten der Geräte schwimmen immer wieder flinke junge Polardorsche vor den Kameras vorbei. Unser vielfach talentierter Tauchroboter »Beast« ist oft auch mit einem Netz unterwegs. Damit fängt er Zooplankton, das Lieblingsfutter der kleinen Polardorsche. Wir dokumentieren genau, welchen Tierarten wir hier draußen begegnen. Robben haben wir auch schon gesehen, sogar in der tiefsten Polarnacht!

OZEANERWÄRMUNG UND -VERSAUERUNG machen den Polardorschen schwer zu schaffen. In wärmerem und saurerem Wasser schlüpfen viel weniger und viel kleinere Fischlarven – die viel geringere Überlebenschancen haben.

ROBBEN »LIEBEN« POLARDORSCHE.

Polardorsche leben in großen Schwärmen und sind eine der wichtigsten Nahrungsquellen für Robben und Seevögel. Doch wo der Polardorsch fehlt, fehlt auch die Nahrung für diese Tiere, und folglich auch für Eisbären. Wir können diese »Hungerkette« vermeiden, indem wir den Klimawandel aufhalten.

DIE BLÜTE IM EISMEER

WARUM ALGEN FÜR DIE ARKTIS SO WICHTIG SIND

Noch nie zuvor ist es Forscherinnen und Forschern gelungen, die Lebewesen am Nordpol so genau zu beobachten wie während der Expedition der Polarstern. Von Herbst über Winter zu Frühjahr und Sommer sind die Forschenden mittendrin im arktischen Leben. So können sie exakt verfolgen, wovon dieses Leben abhängt: vom Meereis, das sich je nach Jahreszeit ausdehnt oder zusammenzieht, und vom Sonnenlicht, das für Monate entweder ohne Pause die Arktis in hellen Schein taucht oder aber völlig verschwindet.

Das arktische Meereis ist nicht wie ein fester Eiswürfel. Durch seine Solekanäle und salzigen Taschen, also kleine Höhlen, ist es vielmehr löchrig wie ein Schweizer Käse. Und genau in diesen Zwischenräumen, aber auch an der Unterseite des Eises und in der Tiefe des Wassers gedeiht, was den Lebewesen in der Arktis als Nahrungsgrundlage dient: ALGEN.

Zumeist sind das mikroskopisch kleine Einzeller. Die Forschung unterscheidet genau zwischen jenen, die im Meereis leben und wenig überraschend EISALGEN genannt werden, und jenen im Wasser, dem PHYTOPLANKTON. Über 1000 verschiedene Arten sind bisher aus dem Arktischen Ozean bekannt.

Auch Algen benötigen etwas zum Gedeihen: LICHT. Erst mit ihm können sie Photosynthese betreiben und sich vermehren – und das tun sie im Frühjahr fleißig. Wenn sich die Sonne langsam wieder über den Horizont wagt und mehr und mehr Licht erst auf die Eisdecke und schließlich, wenn diese geschmolzen ist, ins Wasser fällt, explodiert inmitten der Eiswelt das Leben. ALGENBLÜTE wird dieses erstaunliche Schauspiel genannt. In grünbraunen Teppichen überwuchern die kleinen Pflanzen dann die Unterseiten der Schollen. Und die Schmelztümpel auf der Oberfläche des Eises leuchten nun in schönstem Türkis.

LOGBUCH

DATUM: 21.02.2020, TAG 155

POSITION: 88° NORD 66° OST

TEMPERATUR: -22,6°C

Nansen hat in seinem heutigen Tagebucheintrag vor 126 Jahren geschrieben, dass sie kleine Krebstierchen fanden, »die so stark phosphoreszierten, dass der Inhalt des Netzes [...] wie glühende Kohlen aussah«. Wir haben heute ebenfalls eine Ruderfußkrebsart gefangen, die bläulich leuchtet. Diese faszinierende Gattung heißt Metridia.

Für die tierischen Gesellen im Plankton, das sogenannte ZOOPLANKTON, ist nun auch endlich der Tisch gedeckt. Millimetergroße Krustentiere beginnen sich durch die Algenblüte zu futtern – und sind selbst wiederum eine Nahrungsquelle für den Polardorsch oder noch größere Tiere wie den Grönlandwal. So winzig all diese Lebensformen des Planktons auch sein mögen, so groß ist doch ihre Rolle für das Leben in den Ozeanen. Besonders wichtig sind in der Arktis allerdings die Eisalgen. Den Tieren am Nordpol bieten sie die Hälfte der grundlegenden Biomasse im Nahrungsnetz. Das Meereis ist also nicht nur ein Kühlschrank für das Klima, sondern auch ein Kühlschrank für das Ökosystem, der sich immer wieder mit einer Hauptspeise der polaren Tierwelt füllt.

WENN'S UMS FUTTERN GEHT

KETTE ODER NETZ?

Verschiedene Lebewesen sind oft über ihren Speiseplan miteinander verbunden: Eine Pflanze wird von einem Pflanzenfresser gegessen, der dient wiederum einem Fleischfresser als Nahrung und so weiter. Nahrungskette wird diese Verbindung häufig genannt. Aber das trifft es nicht wirklich, denn die Natur ist komplexer. Ein Pflanzenfresser isst meistens nicht nur eine, sondern mehrere Pflanzenarten, ein Raubtier jagt nicht nur ein Beutetier, sondern verschiedene, und isst gegebenenfalls auch Pflanzen. So zeichnet sich ein dicht verwobenes Nahrungsnetz ab. Auch in der Arktis. Da es hier aber nur wenige Tiere und Pflanzen gibt, sind diese umso mehr voneinander abhängig – und das gesamte Nahrungsnetz ist viel verwundbarer, wenn sich etwas verändert und zum Beispiel eine Pflanzen- oder Tierart seltener wird.

SUPERHELDEN IM OZEAN

Nicht nur Team Ökosystem interessiert sich für die Algen im Arktischen Ozean. Auch die Forscherinnen und Forscher der Biogeochemie werfen einen genauen Blick auf diese Kleinstlebewesen – oder besser auf das, was sie produzieren. Denn sie sind auf der Suche nach Gasen, die das Klima beeinflussen, und zu den wichtigsten Gasproduzenten der Welt gehören: Lebewesen. Darunter Menschen und Tiere, Pflanzen und Mikroorganismen.

Doch während zum Beispiel wir Menschen vor allem CO_2 verursachen und dadurch das Klima schädigen, haben die mächtigsten Gasproduzenten der Arktis – die mikroskopisch kleinen Algen des PHYTOPLANKTONS – andere Talente. Schaut man sich an, was sie in den Weltmeeren leisten, dürfen sie sogar als wahre Superhelden der Ozeane gelten. Und das gleich aus mehreren Gründen.

Kieselalgen sind darunter, Panzergeißler und andere Mini-Meeres-Pflanzen in den merkwürdigsten Formen. Und obwohl klein, sind sie viele: Gemeinsam mit dem Zooplankton, den tierischen Kleinstlebewesen, macht das Phytoplankton beinahe 98 % der Biomasse in den Meeren aus, also der Masse an lebenden und toten Organismen. Sie ernähren Fische, Bartenwale und zahllose andere Tiere: Sie sind die Grundlage des NAHRUNGSNETZES der Ozeane. Ohne diese Winzlinge wären die Meere wohl nur eine unbelebte, salzige Brühe.

TEAM BIOGEOCHEMIE

Das Forschungsteam Biogeochemie hat ohne Zweifel den kniffligsten Namen der Expedition. Wie er schon verrät, sind hier Biologie, Chemie und Geowissenschaften beteiligt. Hinter dem komplizierten Namen steckt ein spannendes Forschungsinteresse: Gase zu verfolgen, die aufs Klima einwirken. Ganz besonders interessiert sich die Biogeochemie für Spurengase, die nur in geringen Mengen vorkommen, die Erde jedoch maßgeblich beeinflussen. Schließlich wirken einige Spurengase wie Kohlenstoffdioxid oder auch Methan als Treibhausgase und schädigen das Klima.

Das Meereis der Arktis wirkt wie ein Deckel, der bestimmt, wie viel von diesen Gasen aus dem Ozean in die Atmosphäre gelangt und umgekehrt. Vielleicht verbergen sie sich aber auch im Meereis selbst? Um den Gasaustausch zwischen Meer, Eis und Atmosphäre zu durchschauen, wertet Team Biogeochemie Schnee-, Eis- und Wasserproben aus. So kommt es den Spurengasen selbst auf die Spur.

Aber zurück zum Thema Gas: Auch hier ist Phytoplankton fleißig. Fällt Sonnenlicht auf die Algen, entwickeln sie großen Hunger nach dem Treibhausgas CO_2. Das nutzen sie dann für die Photosynthese, um sich massenhaft zu vermehren. Das ist ein Vorteil auch für uns, denn so produzieren diese Winzlinge ein anderes Gas, nämlich die Hälfte des Sauerstoffs der Erdatmosphäre – Atemluft aus dem Meer, statt aus dem Wald. Und es kommt noch besser. Denn die Algen sind ein wichtiger Teil der sogenannten biologischen Kohlenstoffpumpe im Meer. Wenn sie sterben, sinken sie in die Tiefe des Ozeans. Dabei nehmen sie einen Teil des CO_2 mit hinunter, das sie aufgenommen haben. Und damit ist das Treibhausgas buchstäblich versenkt – gut fürs Klima.

Damit beweist Phytoplankton, wie viel Einfluss gerade die Kleinsten haben. Leider geben die Superalgen Anlass zur Sorge: In den meisten Meeren gehen sie drastisch zurück, wohl als eine Folge des Klimawandels. Allerdings nicht im Arktischen Ozean. Wo die Meereisdecke fehlt, fühlt sich das lichtliebende Phytoplankton wohl. Was es aber »hinterlässt«, das misst und analysiert Team Biogeochemie. Denn das Team erforscht ein weiteres Gas, das aus dem Algenstoffwechsel entsteht. Wenn du schon mal an der Küste warst, kennst du es als typischen Meeresduft. Was dieses duftende Algen-Gas mit dem Klima zu tun hat, erfährst du beim Team Atmosphäre.

SPUREN VOM GROSSEN TAUEN

Meistens geht es bei Klimadiskussionen um CO_2. Es gibt aber auch andere Treibhausgase, und ein besonders mächtiges ist Methan: Es ist etwa 30-mal schädlicher fürs Klima als CO_2. Zwar kommt Methan als Spurengas in eher geringen Dosen vor. Dummerweise sorgt aber ausgerechnet der Klimawandel dafür, dass immer mehr Methan in unsere Atmosphäre gelangt.

Meereis ist wie ein schwimmender Gefrierschrank: Gase und andere chemische Substanzen können in ihm eingeschlossen sein, auch Treibhausgase. Es ist noch nicht klar, ob Meereis eher eine Quelle von Treibhausgasen ist oder eine SENKE. Das ist ein Ort, an dem klimaschädliche Gase eingeschlossen und von ihrer Wirkung in der Umwelt abgehalten werden. Der Ozean ist eine solche Senke, wenn mithilfe von Phytoplankton CO_2 in seinen Tiefen verschwindet.

Doch zurück zum Methan: Weltweit konzentriert es sich in der Atmosphäre am Nordpol am stärksten. Gibt es dort draußen also eine unbekannte Quelle? Oder eine Senke, die ihr METHAN nicht mehr bei sich behält? Das ist eine der großen Fragen, denen das Team Biogeochemie nachgeht. Und es hat eine Vermutung: Das Methan könnte von weither mit dem Meereis in die zentrale Arktis gelangen – auf derselben Route wie die Polarstern.

MIKROBIELLES RESTE-ESSEN

Doch gehen wir noch mal einen Schritt zurück, und zwar in den Matsch. Methan ist ein Produkt von Mikroorganismen. Es entsteht, wenn diese organisches Material zersetzen. In Deutschland gehören die Massentierhaltung oder Mülldeponien zu den großen Methanquellen. Wer sich nun allerdings Methan als Stinkgas vorstellt, liegt falsch: Trotz seiner Herkunft ist es völlig geruchlos. Die größten natürlichen Quellen dieses Treibhausgases liegen am Rand der Arktis, etwa in Kanada und Sibirien. Denn hier setzt in den PERMAFROSTBÖDEN das große Tauen ein. Eigentlich sind Permafrostböden das ganze Jahr über gefroren. Sie können in der Arktis beeindruckende 1,6 Kilometer tief reichen! Ein Viertel der Landfläche auf der Nordhalbkugel war bislang auf diese Art tiefgefroren – doch jetzt verwandeln sie sich durch die globale Erwärmung in Matsch und Schlamm. Und mit ihnen tauen auch Pflanzen- und Tierreste auf, die hier wie in einer Tiefkühltruhe eingefroren waren: ein Festschmaus für Mikroorganismen, die sich an diese Reste machen und dadurch nebenbei für Methan sorgen. Ein Teil davon gelangt über Flüsse in den Arktischen Ozean und löst sich dort im Meerwasser. Ein anderer hingegen wird im Meereis eingeschlossen, um dann wie die Polarstern mit dem Eis durch die Arktis zu driften. Es gilt nun also dringend herauszufinden, wie viel Methan im Meereis gefangen bleibt und wie viel in die Atmosphäre entweicht. Vor allem, da ja immer mehr Eis schmilzt.

FEUER STATT FROST

Allerdings wird nicht alles Methan von den Flüssen aus dem Permafrost in den Arktischen Ozean geleitet. Ein Teil des Klimagases nimmt schon vor Ort den direkten Weg in die Atmosphäre und verstärkt hier den TREIBHAUSEFFEKT. Und der führt mittlerweile am Rand der Arktis, wo viele Menschen leben, zu schwerwiegenden Folger: Im Juni 2020, als das Team der Polarstern gerade nach Methan im Meereis suchte, entwickelte sich in Sibirien, der Region mit den meisten Permafrostböden der Welt, eine gigantische Hitzewelle. In der Stadt Werkojansk stiegen die Thermometer auf einen Rekordwert von 38 °C! Schon von Januar bis Mai 2020 lag in einigen Regionen Sibiriens die Durchschnittstemperatur 8 °C über dem üblichen Mittelwert. Und wie schon im Vorjahr 2019 gingen riesige Flächen der sibirischen Wälder in Flammen auf. ZOMBIEFEUER werden sie genannt, denn sie »überwintern« unterirdisch, um im Frühjahr erneut auszubrechen. Das ist die gruslige Seite des Klimawandels. Betroffen sind aber auch die Menschen in den Permafrostgebieten. Wenn der tauende Boden nachgibt, sinken Straßen ab, werden Wohnhäuser und Öl-Pipelines beschädigt. Im Juni 2020 kam es so zu einer der schlimmsten Öl-Katastrophen Russlands: Ein riesiger, maroder Dieseltank einer sibirischen Industrieanlage leckte und zigtausende Liter Diesel ergossen sich in die Natur und vergifteten das Wasser.

UNSERE ARKTIS, UNSERE ZUKUNFT

DIE EISWELT IST IN GEFAHR. ABER WENN WIR DAS EIS RETTEN, HELFEN WIR AUCH UNS!

Als das Expeditionsjahr voranschreitet, steht fest: Der gewagte Drift-Plan ist gelungen. Die Polarstern ist noch immer von Eis umgeben. Doch langsam wird es wärmer, der Sommer kommt und die Menschen an Bord machen sich bereit, der Arktis Adieu zu sagen.

EIN ABSCHIED FÜR IMMER?

Viele der Forschenden sind um das Meereis besorgt. Denn Studien zeigen, dass das Eis im Polarmeer während der Sommermonate fast vollständig verschwinden wird, wenn der Klimawandel ungebremst fortschreitet. Das könnte sogar noch vor dem Jahr 2050 passieren! Der Nordpol würde dann im Sommer gar keine Eisdecke mehr tragen.

2050?!

DAS WÄRE SCHON 30 JAHRE NACH DER POLARSTERN-EXPEDITION. KEIN LANGER ZEITRAUM FÜR DIE ERDE.

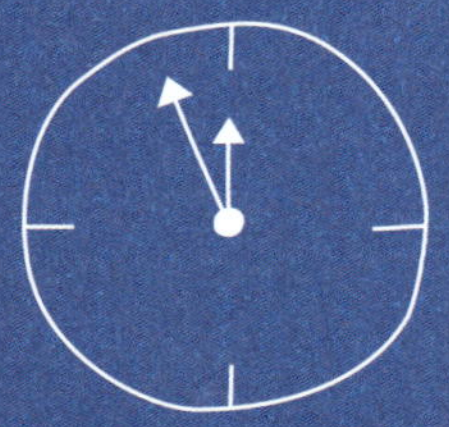

ES IST 5 VOR ZWÖLF! DOCH ES GIBT AUCH GRUND ZUR HOFFNUNG.

Sollte das Meereis verschwinden, könnte man im Sommer mit einem Boot von der Nordseeküste direkt zum Nordpol segeln. Aus einer Reise, auf der früher viele Seeleute nicht nur ihr Schiff, sondern auch ihr Leben verloren, würde ein schlichter Segelausflug. Doch dann würden auch keine Eisbären oder Polarfüchse mehr über den Nordpol streifen. Die Polardorsche würden nicht mehr mit dem Meereis reisen und die Eisalgen nicht mehr blühen und das Ökosystem der Arktis mit Nahrung versorgen. Es gäbe auch keine helle Eisoberfläche mehr, die wie ein riesiger Sonnenschutzschild das Sonnenlicht reflektiert und den Ozean vor noch mehr Erwärmung bewahrt. Das Klimapuzzle Arktis würde völlig durcheinandergeraten – und damit würde sich auch das Klimasystem der Erde noch stärker verändern.

Fridtjof Nansen hat es auf seiner Drift-Expedition nicht zum geografischen Nordpol geschafft. Die Polarstern ist im Winter näher herangekommen als jedes andere Schiff zuvor. Als im Sommer das immer brüchigere Eis das Schiff schließlich freigibt, fällt eine Entscheidung: Die Expedition macht sich auf, den Nordpol doch noch zu erreichen.

SOMMER OHNE EIS? NICHT MIT UNS!

MÖGLICHERWEISE SIND WIR DIE LETZTE GENERATION, DIE NOCH EINE GANZJÄHRIG VON MEEREIS BEDECKTE ARKTIS ERLEBT.

DOCH DAS GUTE IST: WIR HABEN ES SELBST IN DER HAND, OB UND WIE OFT ES ZU DIESEN EISFREIEN SOMMERN KOMMEN WIRD. DIE ZUKUNFT DER ARKTIS HÄNGT DAVON AB, OB DIE MENSCHHEIT IHREN AUSSTOSS AN TREIBHAUSGASEN WEIT GENUG SENKT.

SCHON IN WENIGEN JAHRZEHNTEN KÖNNTE EINE SEGELJOLLE VON DEUTSCHLAND AUS BIS ZUM NORDPOL SCHIPPERN. KANNST DU DIR DAS VORSTELLEN?

EXPEDITIONS-LOGBUCH

DATUM: 12.03.20, TAG 175

POSITION: 87° NORD 21° OST

TEMPERATUR: -27,1 °C

Die Sonne ist heute zum ersten Mal wieder über den Horizont gestiegen, nachdem wir sie seit dem 5. Oktober nicht mehr gesehen hatten! Wir sind gespannt, wie das Ökosystem auf den Anbruch des Polartags reagieren wird. Und was passiert, wenn jetzt mehr und mehr Sonne auf das Meereis fällt. Nach der monatelangen Reise durch die Polarnacht wird die Polarstern nun bald im Frühling und Sommer unter der nie untergehenden Mitternachtssonne driften. Wo vorher Dunkelheit regiert hat, taucht das Licht das Eis in gleißendes Weiß. Wir werden unsere Stirnlampen, unser liebstes Werkzeug in der Polarnacht, gegen Sonnenbrillen tauschen.

159 TAGE LANG IST DIE POLARSTERN DURCH DIE POLARNACHT GEDRIFTET – OHNE DABEI EIN EINZIGES MAL DIE SONNE ZU SEHEN.

DATUM: 23.04.20, TAG 217

POSITION: 84° NORD 16° OST

TEMPERATUR: -16,6 °C

Ein frühlingshafter Wärmeeinbruch hat uns und die Scholle in den letzten Tagen kräftig zum Schwitzen gebracht. Innerhalb von nur einer Woche wechselte die Temperatur von knapp -30 °C rauf auf über -2 °C, dann wieder runter auf -20 °C, bis das Thermometer schließlich die 0-Grad-Grenze knackte.

DATUM: 10.05.20, TAG 234

POSITION: 83° NORD 13° OST

TEMPERATUR: -15,8 °C

Teile unserer Scholle sind nun sehr unruhig. Auch mitten im Eiscamp bilden sich wieder Risse und Rinnen. Oft gelangen wir nur noch mit dem Kajak zu den einzelnen Stationen.

UNSERE EXPEDITION NÄHERT SICH DEM ENDE. WIR ZIEHEN EIN ERSTES FAZIT:

442 MENSCHEN WAREN IM LAUF DES JAHRES MIT UNS AUF EXPEDITION. DAZU KOMMEN NOCH HUNDERTE MENSCHEN AN BORD DER VERSORGUNGSSCHIFFE UND ALS UNTERSTÜTZUNG AN LAND!

DIE FRAUEN UND MÄNNER UNSERES FORSCHUNGSTEAMS HABEN 37 VERSCHIEDENE NATIONALITÄTEN!

ÜBER 1000 EISBOHRKERNE HABEN WIR GEZOGEN.

1550 MAL STIEGEN UNSERE FORSCHUNGSBALLONE AUF.

AN 84 TAGEN TAUCHTE ROBOTER »BEAST« UNTERM EIS.

150 TERABYTE DATEN HAT DIE EXPEDITION GESAMMELT.

6000 KG KARTOFFELN HABEN WIR WÄHREND DER EXPEDITION VERSPEIST. UND TONNENWEISE WEITEREN PROVIANT.

MIT **3500 SCHOKOLADENTAFELN** UND SCHOKORIEGELN HABEN WIR UNS NACH DEN ANSTRENGENDEN TAGEN IM EIS BELOHNT.

MEHR ALS **7700 ROLLEN** KLOPAPIER HATTEN WIR DABEI.

DATUM: 14.05.20, TAG 269

POSITION: 82° NORD 7° OST

TEMPERATUR: -2,8 °C

Gestern Abend kam eine Bärin mit ihrem wenige Wochen alten Jungen vorbei. Die zwei haben sich die Polarstern neugierig angesehen – und wir uns die Bären aus der Sicherheit des Schiffs. Die beiden haben durch das schwindende Eis eine unsichere Zukunft vor sich. Hoffentlich haben sie dennoch ein gutes, langes Eisbärenleben.

DATUM: 23.06.20, TAG 278

POSITION: 81° NORD 9° OST

TEMPERATUR: 0,4 °C

Wir sind mitten in der Schmelzsaison. Der restliche Schnee ist sehr weich und klebrig. Adieu, Schneestiefel! Wir legen schon mal die Gummistiefel bereit.

3400 KM IST DIE POLARSTERN INSGESAMT MIT DEM EIS GEDRIFTET – IN VIELEN SCHLEIFEN UND KRINGELN. SO WEIT WIE VON MADRID NACH MOSKAU!

1500 KM WAR DIE POLARSTERN VON DER NÄCHSTEN BEWOHNTEN SIEDLUNG ENTFERNT.

BIS ZU 25 KM DRIFTETE DAS SCHIFF AN MANCHEN TAGEN, ANGETRIEBEN VON STARKEM WIND.

DATUM: 31.07.20, TAG 316

POSITION: 79° NORD 2° OST

TEMPERATUR: 2,0 °C

Das war ein Knall! Lautstark ist unsere Scholle gestern auseinandergebrochen. Schon am Tag zuvor hatten wir begonnen, unser Forschungscamp abzubauen. Eine gute Entscheidung! Genau 300 Tage sind wir mit unserer Scholle gedriftet, bis an die Eiskante bei Grönland, in der Framstraße. Die Reste der Scholle werden jetzt wie geplant in den offenen Ozean hinaustreiben und schmelzen. Wir sind ein wenig wehmütig, dass unser vorübergehendes Zuhause nun das Ende seines Lebenszyklus erreicht hat. Jetzt werden wir nochmals weit nach Norden vorstoßen, um zu erforschen, wie zum Ende des Sommers junges Eis gefriert. Dazu suchen wir uns eine neue Scholle.

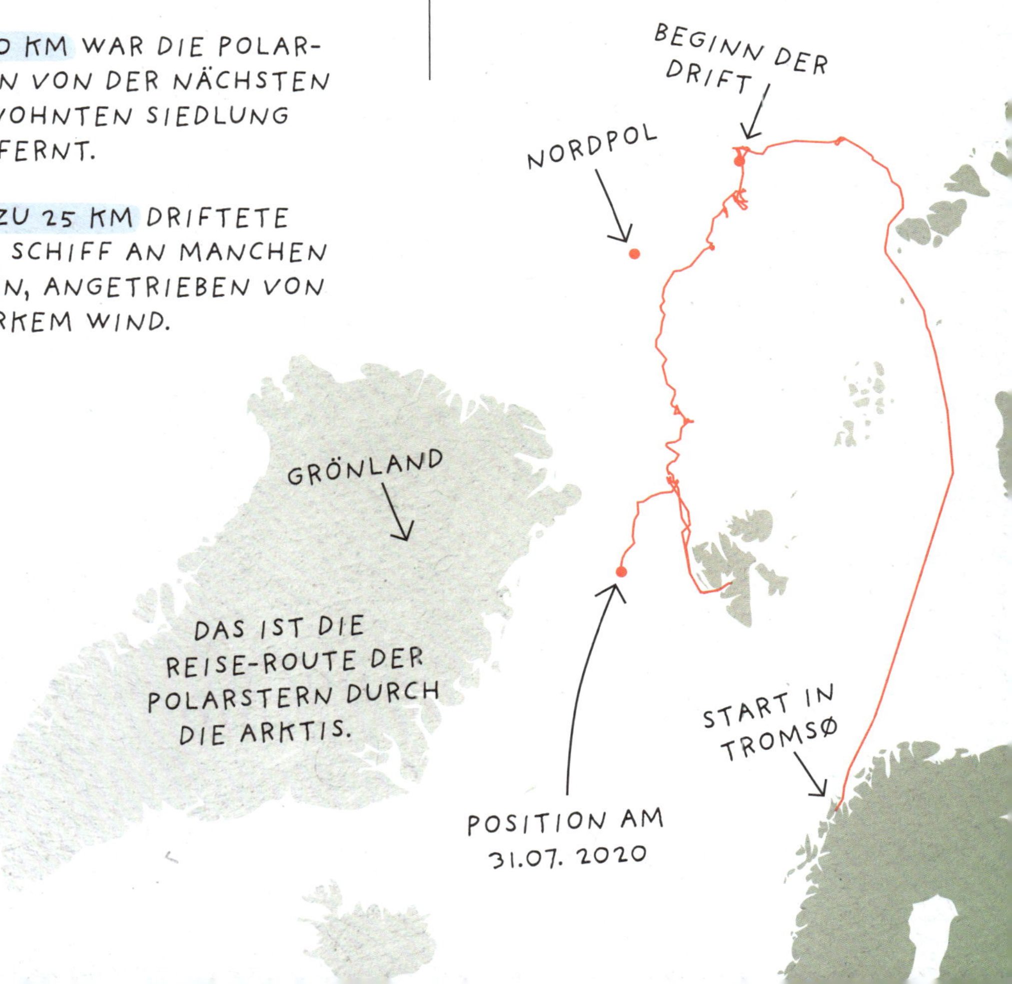

POOLPARTY AM NORDPOL

Während ihres Jahrs im Eis kann die Polarstern-Crew einen gigantischen Schatz an Klimadaten sammeln. Aber als der Eisbrecher im August noch einen Abstecher zum geografischen Nordpol macht, trauen die Forscherinnen und Forscher kaum ihren Augen.

LOGBUCH

DATUM: 19.08.2020, TAG 335

POSITION: 90° NORD

TEMPERATUR: -0,2 °C

WIR SIND AM NORDPOL!

Und das nach nur sechs Tagen Fahrt! In der Vergangenheit war das Seegebiet, das wir durchqueren mussten, berüchtigt für dickes, teils mehrere Jahre altes Eis – ein Gebiet, von dem man sich eigentlich also besser fernhält. Aber vor uns erstreckten sich auf der Fahrt weite Flächen offenen Ozeans. Oft reichten die Wasserflächen bis zum Horizont! »Historisch!«, nennt unser erfahrener Kapitän diese Situation. In den folgenden Wochen werden wir noch beobachten, wie sich das Eis mit dem nahenden Herbst entwickelt. Und schließlich werden wir erneut aufbrechen: Doch diesmal nach Hause. Am 12. Oktober 2020 werden wir in Bremerhaven erwartet, nach 13 abenteuerlichen Monaten in der Arktis.

DIE POLARSTERN AUF DEM WEG ZUM NORDPOL

»WIR HABEN DEM EIS BEIM STERBEN ZUGESEHEN. IM SOMMER WAR ES DIREKT AM NORDPOL VÖLLIG AUFGESCHMOLZEN. WENN WIR DIE KLIMAERWÄRMUNG NICHT SOFORT BEKÄMPFEN, WIRD DAS ARKTISCHE EIS IM SOMMER BALD VERSCHWUNDEN SEIN.«

– EXPEDITIONSLEITER MARKUS REX

SEINE ZUKUNFT SIEHT DÜSTER AUS ...

... wenn wir Menschen so weitermachen wie bisher. Denn mit jeder Tonne Kohlenstoffdioxid, die wir in die Luft blasen, schmilzt mehr Eis dahin. Sollten wir ungebremst noch mehr Treibhausgase ausstoßen, könnte sich die Erde bis zum Jahr 2100 sogar um bis zu 4,8 °C erwärmen. Mit dem bisherigen Anstieg wäre es dann also bis zu 5,7 °C heißer! Diese Erwärmung wäre beispiellos, seit es den Menschen auf Erden gibt. Sie wäre sogar einzigartig seit Jahrmillionen auf unserem Planeten. Nicht nur die wundervolle Eiswelt, die so vielen Tieren ein Zuhause ist, braucht unsere Hilfe, sondern der gesamte Planet.

KEIN WUNDER, DASS DER NORDPOL SCHMILZT. DIE POLARSTERN HATTE IM WINTER TEMPERATUREN GEMESSEN, DIE FAST DURCHGEHEND ETWA 10 °C HÖHER WAREN ALS NOCH BEI NANSENS EXPEDITION VOR GUT 125 JAHREN!

WENN WIR DEN KLIMAWANDEL NICHT AUFHALTEN, STEHT DIE WELT KOPF.

1 WETTEREXTREME WERDEN NOCH HÄUFIGER. BEI HITZEWELLEN LÄSST SICH DAS SCHON HEUTE DEUTLICH ERKENNEN. 2003 FORDERTE DER SOGENANNTE JAHRHUNDERTSOMMER IN EUROPA 70.000 MENSCHENLEBEN!

2. KLIMAWANDEL KANN AUCH KRANK MACHEN: MIT NEUEN KLIMABEDINGUNGEN KOMMEN NEUE KRANKHEITEN UND PARASITEN. ES GIBT ZUM BEISPIEL SCHON JETZT IMMER MEHR ZECKEN IN DEUTSCHLAND, DIE GEFÄHRLICHE ERREGER ÜBERTRAGEN.

3. WINTERSPORT? KÖNNTE VIELERORTS BALD VERGANGENHEIT SEIN. ZUM BEISPIEL WERDEN GLETSCHER WEITER SCHMELZEN. DIE ALPENGLETSCHER SIND SCHON UM DIE HÄLFTE GESCHRUMPFT. WENN SIE ERST MAL WEG SIND, WERDEN VIELE REGIONEN AN WASSERMANGEL LEIDEN.

4. APROPOS WASSERMANGEL: ÜBERHAUPT KÖNNTEN DURCH DEN KLIMAWANDEL IN DER ZUKUNFT MILLIARDEN VON MENSCHEN KEINEN ZUGANG MEHR ZU SAUBEREM TRINKWASSER HABEN. DÜRREN KÖNNEN EBENSO DAZU FÜHREN WIE ÜBERSCHWEMMUNGEN.

5. DIE MEERESSPIEGEL WERDEN WEITER STEIGEN, WODURCH KÜSTENSTÄDTE UND GANZE REGIONEN, ETWA IN NIEDERSACHSEN, VON ÜBERFLUTUNGEN BEDROHT SIND.

6. TSCHÜSS, EISBÄR UND CO.: WEGEN DER ENORMEN GESCHWINDIGKEIT DES KLIMAWANDELS KÖNNEN SICH TIERE UND PFLANZEN NICHT ANPASSEN. ES DROHT EIN MASSENHAFTES ARTENSTERBEN.

7. UND FÜR DIE, DIE EH SCHON ARM DRAN SIND, KOMMT'S NOCH DICKER: DURCH DÜRREN UND ÜBERSCHWEMMUNGEN DROHEN VOR ALLEM DEN ENTWICKLUNGSLÄNDERN VERSTÄRKT HUNGERSNÖTE. SO WERDEN DURCH KLIMAFOLGEN, UMWELTSCHÄDEN UND GESELLSCHAFTLICHE KRISEN NOCH MEHR MENSCHEN FLIEHEN. ES DROHEN GROSSE KONFLIKTE. KLIMASCHUTZ KANN DIESEN MENSCHEN HELFEN.

WETTSTREIT UM DIE POLPOSITION

Nicht jeder findet es schlimm, wenn das Meereis zurückweicht. Manche versuchen, in den Folgen des Klimawandels sogar einen Vorteil zu sehen: Nun wird eine Region zugänglich, aus der das Eis die meisten Menschen vorher ausgeschlossen hat – auch die Industrie und Wirtschaft.

SCHIFFFAHRT Der kürzeste Seeweg zwischen Atlantik und Pazifik würde dann direkt durch die Arktis führen. Für die Weltwirtschaft bedeutet das noch schnelleren und noch billigeren Warenhandel – und vermutlich noch mehr Konsum.

TOURISMUS Vor einigen Jahren fuhr zum ersten Mal ein großes Kreuzfahrtschiff über die Route der Nordwestpassage durch die Arktis. Immer mehr Menschen möchten die unberührte Polarregion sehen.

FISCHEREI Angesichts der weltweit überfischten und geplünderten Meere möchte die Hochseefischerei in die bisher weitgehend unberührten arktischen Fischgründe vordringen.

ROHSTOFFE Vermutlich liegen über 20 % der verbleibenden fossilen Rohstoffe der Erde in der Arktis. Solche Öl- und Gasvorkommen sind verlockend für Abbauunternehmen – auch wenn diese Rohstoffe ja eigentlich gerade Teil des Problems sind und ihre Nutzung den Klimawandel vorantreibt.

TOURISTEN KOMMEN IN IMMER GRÖSSEREN SCHAREN UND GEFÄHRDEN DABEI GENAU DIESE UNBERÜHRTHEIT. PARADOX, ODER?

DIE KALTE ARKTIS IST HEISS BEGEHRT. EINE RUSSISCHE TAUCHBOOTEXPEDITION HAT IM JAHR 2007 SCHON MAL EINE RUSSISCHE FLAGGE IN DEN MEERESBODEN AM NORDPOL GERAMMT. CHINA PLANT BEREITS EINE »POLARE SEIDENSTRASSE« ALS HANDELSROUTE DURCH DIE ARKTIS. UND IM JAHR 2019 WOLLTE US-PRÄSIDENT TRUMP DÄNEMARK GANZ GRÖNLAND ABKAUFEN. ER ERHIELT EINE DEUTLICHE ABFUHR.

STREITPUNKT UNTER WASSER

Wer Anrecht auf die Arktis hat, das wird buchstäblich auf dem Rücken der Arktis ausgetragen, und zwar auf dem LOMONOSSOW-RÜCKEN, einem Gebirgszug unter Wasser. Er zieht sich unterseeisch einmal quer durch die zentrale Arktis und verläuft auch exakt über den Nordpol.

Wenn ein Land nachweisen kann, dass Meeresboden aus geologischer Sicht zu seinem Festland gehört, kann es Anspruch erheben. Und tatsächlich war der Lomonossow-Rücken vor Millionen von Jahren mal Teil eines Kontinents. Er ist abgebrochen und abgedriftet. Dänemark, Kanada und Russland sagen nun:

ER GEHÖRT ZU UNS.

So wurde der Gebirgszug zum Streitfall: Wer ihn besitzt, besitzt den Nordpol. Noch ist offen, wer ihn bekommt.

WEM GEHÖRT DIE ARKTIS?

ZUMINDEST NOCH NICHT.

SIE GEHÖRT NIEMANDEM

Im 17. Jahrhundert hat das Seevölkerrecht festgelegt, dass es Hoheitsgewässer und internationale Gewässer gibt. Internationale Zonen sollte jeder durchsegeln können. Für Hoheitsgewässer galt die »3-Meilen-Zone«, das sind ungefähr 5 km. Kein fremdes Schiff durfte in diese Zone vor der Küste eines Landes einfahren. 5 km war nämlich die maximale Entfernung, die Kanonenkugeln fliegen konnten.

Im späten 20. Jahrhundert wurde die Bedeutung von Kanonenkugeln kleiner, aber die Besitzansprüche wurden größer. 1982 einigten sich die Staaten darauf, dass sie in einem Gebiet von 200 Seemeilen, etwa 370 km, Hoheitsrecht haben. Diese Regelung gilt für alle Ozeane, also auch für die Arktis. Die Länder können in diesem Gebiet Fischerei betreiben oder auch Bodenschätze bergen. Bislang war das in der Arktis für die Anrainer-Staaten eher uninteressant. Denn über allem lag das Eis.

Heute allerdings sieht die Sache anders aus. Die vielen neuen Aussichten auf Profit wecken Begehrlichkeiten und Konflikte. Jetzt geht es um den Hoheitsanspruch auf die Gewässer der weniger eisigen, aber umso ertragreicheren Arktis. Es geht also um viel Geld.

GUTE GRÜNDE ACHTZUGEBEN

Die Aussichten für die Wirtschaft in der Arktis sind gut. Doch wirtschaftliche Argumente sind nicht alles. Diese Gründe sprechen deutlich dagegen, dass demnächst Frachtschiffe und Passagierkreuzer, Fischtrawler und Ölbohrunternehmen in großen Zahlen anrücken sollten.

STINKT WIE DIE ÖLPEST

Bei Schiffsverkehr kommt es oft zu Ölverschmutzungen. Sollte ein Schiff in der Arktis verunglücken, wäre eine Ölpest so weit ab vom Schuss noch schwerer zu bekämpfen, als sie es an anderen Orten ohnehin schon ist.

ABWASSER – AB INS WASSER

Schiffe leiten viel zu oft Müll und Abwasser ins Meer. Darin sind Chemikalien und Plastikteile: nichts, was überhaupt ins Wasser des Ozeans gelangen sollte. Auch touristische Kreuzfahrtschiffe gelten als echte Dreckschleudern.

VOLL AUF DIE WAL-OHREN

Schiffe und Unterwasserbergbau machen einen Riesenlärm. Geräusche werden vom Wasser sehr viel besser getragen als von der Luft. Vor allem Meeressäuger leiden darunter und können davon krank werden. Oft verlieren lärmgeplagte Wale sogar die Orientierung und sterben, etwa durch Strandung.

SCHWARZE SCHICHT AUF WEISSEM EIS

Über Schiffen hängt meist eine trübe, gelbgraue Abgaswolke. Große Schiffe fahren mit Schweröl, einem giftigen Abfallprodukt der Ölraffinerien (die Polarstern übrigens nicht, die fährt mit speziellem Arktik-Diesel). Schweröl ist zwar eigentlich ab dem Jahr 2020 in der Schifffahrt verboten, aber es gibt Wege, das Verbot zu umgehen. Und auch mit anderen Treibstoffen stoßen Schiffe riesige Mengen an CO_2 und Rußpartikeln aus. Wenn sich der Ruß auf das verbleibende Meereis legt, kann es nicht mehr so viel Sonnenstrahlung reflektieren.

KLÜGER WÄRE, DIESE ROHSTOFFE EINFACH DA ZU LASSEN, WO SIE SIND. DAS WÄRE DAS BESTE FÜR DIE ARKTIS UND FÜR DAS KLIMA.

NICHT GEFRAGT

Von den 4 Millionen Menschen in der Arktis gehören etwa 400.000 zur indigenen Bevölkerung. Sie sind sehr verschieden: Die Inuit leben zum Beispiel in Grönland, die Yupik in Alaska, die Nenzen in Russland. Und das seit langer Zeit. Ebenso verschieden sind ihre Interessen und Meinungen zu einer industriellen Nutzung ihrer Heimat. Diese spielen aber oft nur eine geringe Rolle bei den wirtschaftlichen und politischen Entscheidungen.

UND DIE ROHSTOFFE?

Die Menschen haben den Klimawandel mit fossilen Brennstoffen ausgelöst. Genau diese, also Erdöl und Erdgas, sollen jetzt auch wieder in der Arktis abgebaut werden. Und dann beschleunigen diese Rohstoffe, die überhaupt erst durch den Klimawandel zugänglich wurden, wieder den Klimawandel? Und treiben auch die Zerstörung der Arktis weiter voran!? Ein absurder Plan, oder? In einer Klassenarbeit bekäme man für eine solche Idee eine glatte 6: Problem nicht verstanden!

REGELN RUND UM DEN NORDPOL

Zum Glück aber gibt es auch zwischen den arktischen Staaten Regeln, um diese wunderschöne und doch so zerbrechliche Welt zu schützen. Verschiedene Institutionen setzen sich dafür ein, dass einerseits die Interessen der 4 Millionen Menschen in der Arktis gewahrt werden, andererseits aber die Natur nicht unter wirtschaftlicher Entwicklung leiden muss. Dazu gehört zum Beispiel der Arktische Rat: Er unterstützt die Zusammenarbeit der Anrainer-Staaten und auch die indigene Bevölkerung. Es gibt sogar einen speziellen »Polar Code«, der die Schifffahrt in Polargewässern sicherer regeln soll. Und erst 2018 wurde zwischen vielen Staaten ein Abkommen geschlossen, das kommerzielle Fischerei untersagt, bis mehr über die empfindliche Natur und die Folgen von Fischfang in der Nordpol-Region bekannt ist.

DIESE MASSNAHMEN SIND WICHTIG. DOCH INSTITUTIONEN UND ABKOMMEN ALLEIN WERDEN DIE ARKTIS NICHT RETTEN KÖNNEN. WIR ALLE SIND GEFRAGT.

WE WANT YOU!

FÜR DIE GRÖSSTE ARKTIS-RETTUNG ALLER ZEITEN

Jetzt mal Klartext: Dem Klima geht es dreckig. Und der Arktis bald auch. Zumindest, wenn alle so weitermachen wie bisher.

ABER ES ÄNDERT SICH ETWAS.

Zwar wissen die meisten Menschen nicht viel über die Arktis. Aber dass der Klimawandel für die Erde schon jetzt ein Riesenproblem ist, wird immer mehr Leuten bewusst. Die Veränderungen des Klimas werden unser Leben direkt betreffen UND DAS DER MENSCHEN, DIE WIR LIEBEN. Auch das Leben unserer Kinder und nachfolgender Generationen.

Die Polarstern bringt das fehlende Puzzleteil des Klimasystems – die Daten aus der Arktis – mit nach Hause. Dank der neuen Erkenntnisse werden Wissenschaftlerinnen und Wissenschaftler auf der ganzen Welt besser verstehen, was die Veränderungen in der Arktis für den Rest des Planeten bedeuten. Mithilfe besserer Klimavorhersagen können Politikerinnen und Politiker auch bessere Entscheidungen treffen: für den Klimaschutz, für die Arktis und für die gesamte Erde.

ABER RETTEN KÖNNEN WIR DIE ARKTIS UND DAS KLIMA DER ERDE NUR GEMEINSAM.

DEIN BILD HIER.

IST ES NICHT DIE GRÖSSTE GEFAHR FÜR DIE ARKTIS, WENN WIR ALLE UNS DARAUF VERLASSEN, DASS IRGENDWER SIE SCHON RETTEN WIRD?

SO EIN QUATSCH!

BRINGT DOCH NIX!

~~EINER IST KEINER!~~

Manche Menschen sagen: »Was ein Einzelner tut, macht doch keinen Unterschied!« DOCH! Wenn viele Einzelne etwas bewirken können, kann das, was jede und jeder Einzelne tut, nicht wirkungslos sein. Logisch, oder?

DESWEGEN BRAUCHT DIE ARKTIS AUCH DICH.

DIE ARKTIS-SCHUTZFORMEL

Aller Anfang ist bekanntlich schwer. Doch es gibt einen Trick: Nimm dir nicht zu viel vor, sondern fang mit kleinen Schritten an.

DIE ARKTIS- UND KLIMASCHUTZFORMEL LAUTET: WIR MÜSSEN UNSEREN ÖKOLOGISCHEN FUSSABDRUCK VERRINGERN.

WIE DAS GEHT?

- WENIGER CO_2 PRODUZIEREN
- WENIGER MÜLL ERZEUGEN
+ SCHLAUER KONSUMIEREN (NUR DAS, WAS WIR WIRKLICH BRAUCHEN)
+ MEHR NACHDENKEN, WAS GUT FÜR UNS UND DEN PLANETEN IST

= SCHRITTE ZUR KLIMARETTUNG

DAS KLINGT KOMPLIZIERT, ABER TATSÄCHLICH KÖNNEN WIR JEDEN TAG ETWAS FÜR DAS KLIMA TUN.

WIE IST DIESE FORMEL UMZUSETZEN?

Indem wir jeden Tag ein wichtiges Klimaschutz-Instrument nutzen: Entscheidungen treffen – solche für die Arktis und unser Klima.

Unser Alltag ist voller Entscheidungen: Mit vielen davon können wir aktiv das Klima und unsere Erde schützen. Manche dieser Entscheidungen sind einfach, andere brauchen eine gute Prise Mut. Unbequem sind Entscheidungen für den Klimaschutz vor allem dann, wenn wir dafür unsere Gewohnheiten klug anpassen müssen – wie zum Beispiel mit dem Rad zu fahren, anstatt uns mit dem Auto rumkutschieren zu lassen. Und manchmal muss man für Klimaschutz auch selbst unbequem sein, etwa, wenn man an Klimademos teilnimmt.

ABER LIEBER SIND WIR JETZT UNBEQUEM, ALS DASS ES DAS KLIMA DER ZUKUNFT FÜR UNS ALLE IST, ODER?

EIN GANZ NORMALER KLIMARETTUNGSTAG – WELCHE ENTSCHEIDUNGEN WIRST DU TREFFEN?

RAUS AUS DEM BETT UND HEIZUNG AUFDREHEN

A NICHT GANZ SO HEISS STELLEN

B VOLLE KANNE UND BEI BEDARF FENSTER AUF

Nur 1 °C weniger spart 6 % Enegie. Und auch Kosten.

MORGENS ERST MAL EINE DUSCHE

A EWIG LANGE MEGAHEISS MIT DUSCHGEL AUS EINER PLASTIKFLASCHE

B KÜRZER ANGENEHM WARM MIT EINER DUSCHSEIFE OHNE PLASTIK DRUM HERUM

Spart Energie, vermeidet Plastikmüll – und ist besser für die Haut.

AUF DEM SCHUL- ODER ARBEITSWEG

A SICH MIT DEM AUTO ZUR SCHULE KUTSCHIEREN LASSEN

B MIT DEM RAD ODER DEN ÖFFENTLICHEN VERKEHRSMITTELN FAHREN

Verhindert nicht nur Luftverpestung, sondern hält auch noch fit.

IN DER PAUSE ODER UNTERWEGS

A EIN SANDWICH IN DER BROTBOX MITBRINGEN, DAZU EIN GETRÄNK AUS DER EDELSTAHL-FLASCHE

B EIN PAUSENBROT AUS DER PLASTIKFOLIE FUTTERN, DAZU EINE LIMO AUS DER DOSE

IST GUT FÜR DIE UMWELT UND SIEHT AUCH NOCH COOL AUS!

Vermeidet nicht nur Müll, sondern auch den großen Energieaufwand beim Herstellen von wegwerfbarem Verpackungsmaterial.

KLIMAHELDINNEN UND ARKTISRETTER IM ALLTAG

IN DER SCHULE

A MAL ÜBERLEGEN, WO DIE SCHULE KLIMAFREUNDLICHER WERDEN KANN – ZUM BEISPIEL IN DER SCHULKANTINE; ODER DAS THEMA ARKTIS UND KLIMASCHUTZ IN DEN UNTERRICHT EINBRINGEN

B PAPIERKUGELN AUF DEN DEUTSCHLEHRER SCHNIPSEN

DAS MACHT MEHR SPASS UND GIBT RICHTIG ANERKENNUNG.

Überlasst nicht alles den Lehrern, sondern ergreift selbst die Initiative. Es gibt sogar Wettbewerbe für die klimafreundlichste Schule!

NACH DEM MITTAGESSEN

A ESSENSRESTE WEGSCHMEISSEN

B ÜBRIG GEBLIEBENES AUFBEWAHREN UND AM NÄCHSTEN TAG WAS LECKERES DARAUS ZUBEREITEN

Pro Kopf und Jahr werfen wir in Deutschland etwa 75 kg Lebensmittel weg. Auch das befeuert die globale Erwärmung, schließlich braucht es für die Nahrungsmittelproduktion Land, Rohstoffe, Wasser und Treibstoff für den Transport. Weniger wegwerfen heißt weniger produzieren müssen. Das schützt Klima, Umwelt und Geldbeutel.

BEIM SHOPPING

A SICH VON JEDEM SCHNÄPPCHEN VERFÜHREN LASSEN

B SICH FRAGEN, OB MAN DAS NEUE HANDY, SHIRT ODER DIE NEUEN SNEAKERS WIRKLICH BRAUCHT

Für Produktion und Transport von Konsumgütern werden jedes Mal Rohstoffe und Energie benötigt. Oft entstehen sogar zusätzliche Umweltschäden, zum Beispiel beim Färben von neuen Klamotten oder beim Abbau von wertvollen Rohstoffen für unsere Mobiltelefone und Computer.

EIN SUPER KOMPROMISS: SECOND-HAND KAUFEN. DA HAT MAN IMMER WAS NEUES, OHNE NEUEN SCHADEN ANZURICHTEN – UND MEHR VOM TASCHENGELD.

MITTAGS – ZU DEN KNUSPRIGEN POMMES

A EINEN VEGGIE-BURGER GENIESSEN (SOGENANNTES »PFLANZENFLEISCH« GIBTS MITTLERWEILE AUS ERBSEN, WEIZEN UND SO WEITER)

B EINEN RINDFLEISCHBURGER AUF DEM TELLER HABEN

Um zum Beispiel Rindfleisch zu produzieren, wird Weide- und Ackerland genutzt, Futter angebaut, und Kühe produzieren selbst auch noch das Treibhausgas Methan. Um die Klimawirkung der Treibhausgase zu berechnen, die dabei entstehen, gibt es eine Maßeinheit namens CO_2-Äquivalente. Nur 1 kg Rindfleisch sorgt für etwa 12 kg bis sogar über 100 kg klimaschädlicher CO_2-Äquivalente – je nach Herkunft. Anders pflanzliche Alternativen wie etwa proteinreiche Bohnen: Sie liegen im Schnitt bei 2 kg CO_2-Äquivalenten. Wer also lieber Alternativen zu Fleisch, aber auch zu Käse und Milch futtert, schützt das Klima.

IM SUPERMARKT

A JE NACH SAISON ESSEN AUS REGIONALEM ANBAU OHNE NUTZLOSES PLASTIK DRUM HERUM, DAFÜR IN DEN MITGEBRACHTEN BEUTEL

B NAHRUNGSMITTEL IMMER UND ÜBERALL AUS ALLER WELT KAUFEN – IN PLASTIKPACKUNG UND DANN NOCH AB IN DIE PLASTIKTÜTE

Warum sollte man mitten im Winter Erdbeeren aus einem Treibhaus in Übersee kaufen, deren Anbau und Transport extrem viel Energie kosten und die dann auch noch nach nichts schmecken!?

UNTERWEGS

A SICH ÜBER MÜLL IM WALD ODER AM STRASSENRAND ÄRGERN

B MIT EIN PAAR FREUNDEN DEN MÜLL EINFACH WEGRÄUMEN (DAFÜR HANDSCHUHE ANZIEHEN)

Klingt ungerecht, weil ja jemand anders den Müll hingeworfen hat? Ist aber eine super Aktion, die man auch online posten kann – und die bestimmt viele Likes bekommt und Nachahmer findet.

BEIM CHILLEN

A IN HIGH DEFINITION AUF DEM GRÖSSTEN SCREEN DIE LIEBLINGS-SERIE STREAMEN

B EIN SPANNENDES BUCH LESEN

Filme zu streamen macht Spaß, kostet aber auch viel Energie. Dann lieber auf einem kleineren Screen anschauen und die Stream-Qualität herunterstellen. Wer nur Musik hören will, kann auch nur Audio streamen. Der Stromverbrauch bei Musikvideos, die man gar nicht guckt, ist unnötig hoch.

ON/OFF

AM ABEND

A UNGENUTZTE GERÄTE KOMPLETT AUSSCHALTEN

B FERNSEHER, COMPUTER UND MONITOR IM STANDBY-MODUS LASSEN

Standby ist ein echter Stromfresser und unnötig.

BEIM ABENDESSEN MIT FREUNDEN ODER FAMILIE

A EINE TOUR MIT DEM FAHRRAD ODER ZUG QUER DURCH EUROPA ORGANISIEREN

B DIE NÄCHSTE FLUGREISE PLANEN (ODER GAR EINE KREUZFAHRT IN DIE ARKTIS)

Es gibt keine klimaschädlichere Art zu reisen als das Fliegen. Ein Urlaubsflug von Deutschland auf die Malediven (16.000 km hin und zurück) verursacht pro Person so viel schädliche Klimawirkung wie mit einem mittelgroßen Auto mehr als 25.000 km zu fahren. Das ist mehr als um die halbe Welt!

ABENDS DEN ELTERN AUF DEN KEKS GEHEN

A WEIL MAN UNBEDINGT EIN SMARTPHONE HABEN WILL

B DAMIT SIE ENDLICH ZU ÖKOSTROM WECHSELN

RETTET DIE POLE, WEG MIT DER KOHLE!

Der Energiesektor sorgt für 40 % der CO_2-Emissionen in Deutschland. Denn der meiste Strom stammt immer noch aus Kohlekraftwerken.

KEIN ABSCHIED FÜR IMMER

DIE EXPEDITION ENDET HIER ... DOCH DIE ZUKUNFT DER ARKTIS BEGINNT JETZT.

MÖCHTEST DU MITHELFEN, DAS KLIMA ZU SCHÜTZEN?

Ein Jahr lang ist die Polarstern mit dem arktischen Meereis gereist. Die Menschen an Bord haben viele Abenteuer erlebt. Sie sind Eisbären begegnet und haben arktischen Stürmen getrotzt, sie haben das Leben in der Polarnacht beobachtet und das Zusammenspiel von Ozean, Meereis und Atmosphäre studiert. Als die Forscherinnen und Forscher schließlich die Zelte abbrechen, freuen sie sich auf ihr Zuhause – und sind doch ein wenig wehmütig. Schließlich nehmen sie Abschied von einer Eiswelt, die zu verschwinden droht. Doch es muss kein Abschied für immer sein, denn die Zukunft der Arktis ist eng mit unserer eigenen verbunden: Wir können mitbestimmen, in welcher Welt wir leben wollen. Wir können uns für unsere Zukunft einsetzen.

INTERESSIERT DIE NICHT? VON WEGEN. DIE POLITIKERINNEN UND POLITIKER WISSEN, DASS DU AUCH BALD WÄHLEN DARFST.

SCHON HEUTE

Vielleicht bist du wie so viele Jugendliche weltweit bereits Teil einer Klimainitiative und setzt dich gemeinsam mit anderen Klimaschützerinnen und Arktisrettern für die Erde ein. Oder hast darüber schon mal nachgedacht. Es ist nie zu spät, damit anzufangen ...

Vielleicht wirst du auch mal laut und forderst die Politik auf, ernsthaften Klimaschutz zu betreiben.

Vielleicht rüttelst du mutig an den Normen und Gewohnheiten, die uns und die Erde so weit gebracht haben, dass sogar der Nordpol schmilzt. Vielleicht klärst du andere auf und hilfst ihnen, bessere Alternativen zu erkennen und anzunehmen. Dafür sind die meisten dankbar.

Vielleicht gelingt es dir nicht jeden Tag, dich für die Arktis einzusetzen und das Klima zu schützen. Aber das ist okay. Man muss nicht jeden Tag die Welt retten. Und man kann auch nie alles richtig machen. Nur sollten wir es zumindest versuchen, so gut es geht. Vielleicht bist du aber auch schon viel weiter und hast längst eigene, neue Ideen, um die Welt gegen den Klimawandel zu verteidigen?

IN DER ZUKUNFT

Vielleicht hast du auch schon weitreichendere Pläne für dein Leben.

Vielleicht planst du zum Beispiel ein Freiwilliges Ökologisches Jahr, um dich nach der Schule für Umwelt- und Klimaschutz einzusetzen.

Vielleicht entscheidest du dich für einen Beruf, der nachhaltig ist – oder vielleicht wirst du sogar Innovator oder Erfinderin.

Vielleicht engagierst du dich politisch, damit dort die richtigen Entscheidungen getroffen werden.

Vielleicht gründest du deine eigene Klimakampagne – schließlich sind einige der wirkungsvollsten Initiativen in den letzten Jahren von jungen Menschen gestartet worden.

Vielleicht entscheidest du dich sogar dafür, Polarforscherin oder Klimawissenschaftler zu werden. Oder Funker oder Fotografin, Kapitänin, Arzt oder Meteorologin, um an Bord eines Forschungsschiffs wie der Polarstern die Welt zu entdecken, um sie besser verstehen und schützen zu können.

Vielleicht sehen wir uns dann sogar bei einer der nächsten Expeditionen in die Arktis – eine Arktis mit Meereis, da wir zwischenzeitlich gut auf unser Klima aufgepasst haben.

DU KANNST DIE ZUKUNFT MITGESTALTEN. FÜR DIE ARKTIS, FÜR DEN PLANETEN. SCHÖN, DASS DU DABEI BIST!

GLOSSAR

ALFRED-WEGENER-INSTITUT

Dieses Institut hat die Expedition der Polarstern angeleitet und gehört zu den bekanntesten Polar- und Meeresforschungszentren der Welt. Sein Hauptsitz ist in Bremerhaven, aber es hat zum Beispiel auch Forschungszentren in Potsdam, auf Helgoland und Sylt. Außerdem fahren seine Wissenschaftlerinnen und Wissenschaftler nicht nur auf der Polarstern in die entlegensten Regionen der Erde, sondern forschen auch an Stationen wie der Neumayer-Station in der Antarktis. Häufig gehen sie der Frage nach, wie sich die Meere und Polarregionen der Welt durch den Klimawandel verändern und welche Rolle diese im Klimasystem der Erde spielen.

AEROSOLE

Diese winzigen Teilchen schweben in der Atmosphäre und können über weite Strecken in gänzlich andere Regionen geweht werden. Sie bestehen aus verschiedensten Stoffen, etwa aus Vulkanasche, Blütenpollen, Meersalz, Wüstensand, Ruß oder sogar Bakterien. Viele von ihnen wirken als Keimzellen von Wolken.

ALBEDO

Darunter versteht man, wie stark Oberflächen Sonnenstrahlen reflektieren, also zum Beispiel Meereis, Schnee oder Gletschereis, aber auch Asphalt, Wald oder Wasser. Die Beschaffenheit einer Oberfläche bestimmt, wie hoch die Albedo ist. Eine Albedo von 1 bedeutet, dass das Licht vollständig reflektiert wird, 0 hingegen, dass es vollständig absorbiert wird. Frischer Neuschnee ist besonders hell. Er hat eine Albedo von bis zu 0,95. Eis, das eine Wasserfläche bedeckt, hat eine Albedo von 0,7, reflektiert also nicht ganz so stark. Wasser hingegen reflektiert kaum. Je nach Einfallswinkel der Sonnenstrahlen hat es nur eine Albedo von 0,07 bis 0,1. Es nimmt die Sonnenstrahlen also gut auf und erwärmt sich dann.

ANTHROPOGEN

Oft ist von »anthropogenem Treibhauseffekt« oder »anthropogenem Klimawandel« die Rede: Dann geht es um Treibhauseffekt und Klimawandel, die vom Menschen verursacht sind. Anthropogen kommt vom griechischen Wort ánthropos für »Mensch« und dem Verbalstamm gen- für »entstehen«. Es bezeichnet als Fachbegriff alles, was vom Menschen beeinflusst, verursacht oder auch hergestellt ist, von Materialien wie Plastik (nur der Mensch kann Kunststoff herstellen) bis zu Umweltveränderungen wie dem Klimawandel.

ATMOSPHÄRE

Übersetzt bedeutet dies »Dampfkugel«, gemeint ist die gasförmige Hülle rund um die Erde. Ohne die Atmosphäre gäbe es kein Leben auf unserem Planeten, denn sie sorgt für eine lebensfreundliche Temperatur und speichert Sauerstoff, den wir atmen. In ihr spielen sich auch das Wetter und das Klima ab. Was Klimaforscherinnen und -forscher besonders interessiert, ist alles Mögliche, was sich in der Atmosphäre findet und passiert, wie Wolken, Aerosole, Winde, Turbulenzen, Treibhausgase oder auch die Ozonschicht.

ARKTIS

Dies ist die Region um den Nordpol, ihr Gegenüber ist die Antarktis auf der Südseite der Erdkugel. Man kann sie gut unterscheiden, wenn ein Eisbär oder ein Pinguin zu sehen sind: Denn Eisbären gibt es nur in der Arktis, Pinguine hingegen nur in der Antarktis. (Wenn auf einem Foto beide zu sehen sind, stimmt also etwas nicht.) Die Polkappe liegt im Zentrum der Arktis. Darüber und darum erstreckt sich das Nordpolarmeer, auch Arktischer Ozean genannt. Diese Region, die auch zentrale Arktis oder Hocharktis heißt, ist eine der extremsten und lebensfeindlichsten der Erde. Aber auch die nördlichen Ausläufer der Kontinente Asien, Europa und Nordamerika gehören noch zur Arktis, und deswegen zählt man die folgenden acht »Arktis-Staaten«: Dänemark (mit Grönland), Finnland, Island, Kanada, Norwegen (mit Spitzbergen), Russland (mit Sibirien), Schweden, USA (mit Alaska).

ARKTISCHER OZEAN

Der Arktische Ozean ist mit rund 14 Millionen km² der kleinste unter den Ozeanen der Welt. Er erstreckt sich rund um den Nordpol bis an die angrenzenden Kontinente. Dementsprechend trägt er auch die Namen Nordpolarmeer, Arktik oder auch Nördliches Eismeer. Dieses Eis verliert er aber immer mehr.

EXPEDITION

Laut seiner lateinischen Wurzeln bedeutet der Begriff »Erledigung« oder auch »Feldzug«. So ging etwa auch Cäsar auf Expedition – aber diese Wortbedeutung hat sich heute verloren. Expeditionen sind meistens wissenschaftlicher Natur und führen oft im Namen der Forschung unter großen logistischen und planerischen Herausforderungen in abgelegene Gebiete.

EISDRIFT

Meereis liegt nicht einfach still auf dem Wasser: Wind und Meeresströmungen lassen es über den Ozean treiben. Die Drift verläuft dabei in eine Hauptrichtung. In der Arktis gibt es zwei große Driftbewegungen: die Transpolardrift, die von der sibirischen Küste in Richtung Framstraße, der Meeresregion zwischen Grönland und Spitzbergen, verläuft, und der Beaufortwirbel, ein gigantischer Wirbel vor der Nordküste Alaskas, Grönlands und Kanadas.

EXTREMWETTER

Unwetter wie Sturm oder Starkregen werden auch als Extremwetter bezeichnet, aber ebenso können Dürren oder Kälteeinbrüche gemeint sein. Ein extremes Wetterereignis kommt gemeinhin an einem bestimmten Ort und zu einer bestimmten Jahreszeit selten vor, sonst würde es ja nicht als »extrem«, also als außergewöhnlich und stark auffallen. Zwar lässt sich ein solches Extremwetter-Ereignis nicht einfach dem menschengemachten Klimawandel zuschreiben. Aber durch diesen kommt es nicht mehr nur selten zu Extremwettern, sondern häufiger.

FOSSILE BRENNSTOFFE

Die Menschheit nutzt sie als bevorzugte Energiequellen, doch hat damit auch den Klimawandel bedingt. Zu den fossilen, kohlenstoffbasierten Brennstoffen gehören Kohle, Öl, Erdgas oder auch Torf. Durch ihre Verbrennung entsteht vor allem Kohlenstoffdioxid: CO_2. Seit Beginn des Industriezeitalters werden fossile Brennstoffe in so großen Mengen genutzt, dass sich der Anteil von Kohlenstoffdioxid in der Erdatmosphäre schon um 45 % erhöht hat. Doch zum Glück ändert sich etwas. Mittlerweile gibt es viele Alternativen, etwa Ökostrom durch Erneuerbare Energien, und an vielen weiteren wird geforscht, etwa am Wasserstoffantrieb für Autos. Dazu gibt es immer klügere Konzepte zum Beispiel von nachhaltiger Mobilität, bei denen die Menschen flexibel mit besser ausgebauten Öffentlichen Verkehrsmitteln, Fahrrad und Elektroautos nach dem Car-Sharing-Prinzip reisen: Sie teilen sich einfach E-Autos und nutzen sie nur, wenn sie das Auto wirklich brauchen.

FRAM-EXPEDITION

Mithilfe des hölzernen Expeditionsschiffs Fram wagte sich Nansen 1893–1896 als erster Forscher auf eine Reise quer durch die Arktis, indem das Schiff mit der natürlichen Bewegung des Meereises driftete. Das Ziel, den geografischen Nordpol zu erreichen, verfehlte die Fram-Expedition zwar, dennoch ging sie als eine der größten Expeditionen in die Geschichte der Polarforschung ein. Nach weiteren großen Expeditionen ist die Fram heute im Museum in Oslo zu bestaunen (und eine Zugreise wert).

INDUSTRIELLE REVOLUTION / INDUSTRIEZEITALTER

Ab der zweiten Hälfte des 18. Jahrhunderts begann sich ausgehend aus Großbritannien die Welt zu verändern: Nach Erfindung der Dampfmaschine kam es zu einem rasanten industriellen Wachstum. Fabriken entstanden, Güter und Waren wurden in immer größerer Stückzahl produziert, die Städte wuchsen. Die Gesellschaft veränderte sich und viele Dinge änderten sich zum Vorteil für die Menschen. Zugleich stieg allerdings der Verbrauch von fossilen Brennstoffen, und es kam und kommt noch immer zu einem immer größeren Ausstoß von Treibhausgasen, allen voran Kohlenstoffdioxid.

KLIMA

Als Wetter bezeichnen wir, was am Himmel passiert – und uns kurzfristig gegebenenfalls als Regen oder Schnee auf die Nase tropft oder warm auf die Nase scheint. Das Wetter ändert sich oft täglich oder sogar noch schneller. Unter Klima verstehen wir hingegen das Wetter in all seinen Ausprägungen in einem bestimmten Gebiet über einen längeren Zeitraum hinweg. Meistens geht man von 30 Jahren aus. Oft versteht man unter »das Klima« aber auch das gesamte Klimasystem in weiterem Sinne.

KLIMAMODELL

Am Computer lassen sich mithilfe sogenannter Klimamodelle Vorhersagen über die Entwicklung des Klimas erstellen. Damit Klimamodelle zuverlässig arbeiten können, brauchen sie möglichst genaue Daten.

KLIMASYSTEM

Das Klimasystem der Erde, manchmal auch einfach als »das Klima« bezeichnet, ist sehr komplex. Zu seinen wichtigsten Bestandteilen gehören die Atmosphäre und die Kryosphäre, also alle gefrorenen Bereiche auf dem Planeten. Zwischen seinen Bestandteilen gibt es viele Verbindungen und Wechselbeziehungen. Und deswegen haben Veränderungen am einen Bestandteil, etwa am Meereis als Teil der Kryosphäre, Einfluss auf andere Bestandteile, etwa auf die Atmosphäre.

KLIMASCHUTZ

Der Klimawandel, wie er bislang schon die Welt verändert hat, lässt sich nicht rückgängig machen. Doch es ist möglich, den weiteren Klimawandel zu verlangsamen und seine Auswirkungen auf die Erde und uns Menschen zu begrenzen. Klimaschutz-Maßnahmen sind wichtig, egal, ob sie von Einzelnen, von Gruppen oder von Ländern angegangen werden. Viele dieser Maßnahmen zielen darauf ab, eine globale Erwärmung um 2 °C zu verhindern, oder noch besser: auf 1,5 °C zu begrenzen. Der Klimawandel ist eine der größten Herausforderungen der Menschheit, doch wenn alle zusammenarbeiten, können wir noch stärkere und gefährlichere Auswirkungen verhindern. Was du selbst tun kannst, erfährst du in Teil 3 dieses Buchs, und viele weitere Tipps und Möglichkeiten bekommst du bei Organisationen wie Fridays for Future, Scientists for Future, Greenpeace und vielen anderen.

KLIMAWANDEL

Wo es eine Atmosphäre gibt, wie auf der Erde, treten Klimawandel auf – wie auch in der Gegenwart. Über einen gemeinhin längeren Zeitraum kommt es dabei zu einer Abkühlung oder Erwärmung. Das kann eine Eis- oder Warmzeit zur Folge haben, wie auch die Klimageschichte der Erde schon viele gesehen hat. Das Besondere am gegenwärtigen Klimawandel ist die Geschwindigkeit, und dass die Menschen ihn selbst verursacht haben. Er verläuft sehr schnell und ist noch nicht abgeschlossen, wird also weiter voranschreiten. Die gegenwärtige Klimaveränderung wird meistens als »der« Klimawandel bezeichnet, und zunehmend, wegen seiner immer stärkeren und auch drastischeren ökologischen und auch sozialen Auswirkungen, als Klimakrise.

KOHLENSTOFFDIOXID / CO_2

Es gilt als das Treibhaus- und Klimagas schlechthin. Das farb- und geruchlose Gas, gerne verkürzt Kohlendioxid genannt, setzt sich aus Kohlenstoff (C) und Sauerstoff (O) zusammen. Es gehört zu den natürlichen Bestandteilen der Erdatmosphäre und ist wichtig für den natürlichen Treibhauseffekt – und dem verdanken wir, dass unsere Erde so ein lebenswerter Planet ist. Wir selbst stoßen es aus, wenn wir atmen. Allerdings haben wir es durch die übermäßige Nutzung fossiler Brennstoffe und den gigantischen Ausstoß an CO_2 in den vergangenen 250 Jahren übertrieben, sodass es die übermäßige Konzentration an Kohlenstoffdioxid mit einigen weiteren Treibhausgasen ist, die die globale Erwärmung herbeiführt. Hinzu kommt, dass wir gigantische Gebiete abholzen und sie in Agrarlandschaft umwandeln, und das, obwohl Wälder besonders gut Kohlenstoffdioxid aufnehmen. Gemessen wird die CO_2-Konzentration in ppm (parts per million). Messungen aus uralten Eisbohrkernen haben gezeigt, dass sie in den vergangenen 800.000 Jahren nie höher lag als 300 ppm. Um 1750, also zum Beginn der industriellen Revolution, lag sie bei rund 278 ppm. Und heute? Wurde eine Konzentration von über 407 ppm gemessen.

KRYOSPHÄRE

Hierzu zählen alle gefrorenen Bereiche, wie Gletscher, Meereis oder auch die eiskalten Permafrostböden. Die Kryosphäre ist ein enorm wichtiger Teil des globalen Klimasystems und trägt dazu bei, dass sich die Erde nicht stärker erwärmt. Eis und Schnee haben eine hohe Albedo und reflektieren viel Sonnenlicht, anstatt sich aufzuheizen.

MEEREIS

Meereis schwimmt auf dem Ozean und bildet sich, indem Meerwasser unter einer kalten Atmosphäre zu Eis wird. Da Meereis im Sommer schmilzt und im Winter neu gefriert, schwanken seine Ausdehnung und Dicke mit den Jahren und Jahreszeiten.

MOSAIC-EXPEDITION

Wissenschaftliche Missionen haben oft komische Kürzel für sehr komplizierte, lange Namen. Der Name der Polarstern-Expedition von 2019 bis 2020, die als die größte Arktis-Expedition unserer Zeit in die Geschichte einging, lautet MOSAiC – Multidisciplinary Observatory for the Study of Arctic Climate. Der Name drückt aus, dass möglichst viele verschiedene wissenschaftliche Fachbereiche zusammen und gleichzeitig das Klimasystem der Arktis erforschen. Angeleitet vom Alfred-Wegener-Institut in Deutschland, waren über 80 Forschungsinstitute aus 20 Nationen an dieser Mammutexpedition beteiligt. Der Name passt aber auch deswegen, weil das Forschungscamp der MOSAiC-Expedition auf einer Eisscholle stand, die immer wieder Risse bekam und sich wahrlich verhielt wie ein Mosaik aus Meereis.

ÖKOSYSTEM

Dazu zählen ein Lebensraum und seine tierischen und pflanzlichen Bewohner. Man könnte sagen, ein Ökosystem ist wie eine Wohngemeinschaft, in der alles und alle miteinander verbunden sind und voneinander abhängen – schließlich kommt der Begriff von griechisch oikos für »Haus« und systema für »verbunden«. Zwar können sich Ökosysteme verändern, aber durch das Geflecht von Abhängigkeiten können Veränderungen die Wohngemeinschaft auch in Gefahr bringen.

PLANKTON

Diese winzigen Lebewesen treiben frei im Wasser: Im Altgriechischen bedeutet das Wort Plankton »das Umherirrende«. Die Wissenschaft unterscheidet zwischen pflanzlichem Plankton, dem Phytoplankton, und tierischem, dem Zooplankton. Dazu gehören zum Beispiel winzige Krebstierchen und superkleine Schnecken.

POLAR 5 UND POLAR 6

Diese beiden bunten, unverkennbaren Forschungsflugzeuge des Alfred-Wegener-Instituts sind in der Lage, sogar unter den extremen Umweltbedingungen der Polarregionen und bei bis zu -54 °C zu fliegen. Andere Flugzeuge hätten hier keine Chance, sicher durch die Lüfte zu gelangen, geschweige denn zu starten und zu landen. Die beiden robusten Maschinen kamen schon im Zweiten Weltkrieg unter den Alliierten zum Einsatz. Allerdings wurden sie mit dem neuesten Stand der Technik ausgerüstet. Mit ihrem Ski- und Radfahrwerk können sie sogar auf Schneepisten landen. Sie haben verschiedenste Instrumente an Bord, um die Atmosphäre und das Meereis zu erforschen.

TREIBHAUSEFFEKT

Der Treibhauseffekt unserer Erde funktioniert ganz ähnlich wie ein Gewächshaus im Garten. In einem Gewächshaus scheint die Sonne durch das Glasdach. Luft und Erde im Häuschen erwärmen sich. Das Glas verhindert, dass die aufgeheizte Luft das Häuschen wieder verlässt. So bleibt es darin warm. Im Fall unseres Planeten fallen die Sonnenstrahlen auf die Erdoberfläche. Die gibt dann Wärmestrahlung ab. Nun ist es zwar kein Glasdach, aber es sind Treibhausgase in der Atmosphäre, die diese Wärmestrahlung aufhalten. So erwärmt sich der Planet zusätzlich. Es gibt also einen natürlichen Treibhauseffekt. Ohne ihn wäre die Erde eine eisige Kugel. Doch die Menschen sorgen für immer mehr Treibhausgase in der Atmosphäre. Nun staut sich dort viel mehr Wärme und die Temperaturen auf der Erde steigen. So verstärkt der menschengemachte Treibhauseffekt den natürlichen. Die Folge ist der Klimawandel.

TREIBHAUSGAS

Gase in der Atmosphäre verursachen den natürlichen und den anthropogenen Treibhauseffekt. Sie können selbst natürlichen Ursprungs sein oder auch von den Menschen stammen. Zu den wichtigsten Treibhausgasen gehören Wasserdampf (H_2O), Kohlenstoffdioxid (CO_2), Lachgas (N_2O), Methan (CH_4) und Ozon (O_3).

PERMAFROST

Diese Böden, die man zum Beispiel in Sibirien oder auch hoch oben in den Alpen findet, sind eigentlich immer gefroren. Eigentlich, denn die globale Erwärmung lässt die Permafrostböden tauen. Sie gelten als ein sogenanntes Kippelement, das vielen Menschen Sorge bereitet. Das bedeutet, dass dieses Element schon durch eine kleine Änderung in einen neuen Zustand »kippen« kann, was gravierende Folgen nach sich zieht – und nicht rückgängig zu machen ist. Wenn der Permafrost weit genug getaut ist, lässt sich seine weitere Verwandlung in Matsch nicht verhindern, und das wird wiederum gravierenden Einfluss auf das Klima haben. Denn dem Matsch entsteigen starke Treibhausgase.

ZUKUNFT

Die Zukunft ist nicht irgendeine Zeit in der Ferne, die uns irgendwann mal betreffen könnte oder auch nicht. Die Zukunft ist vielmehr direkt mit der Gegenwart verbunden. Wir können sie jetzt beeinflussen und damit mitbestimmen, in welcher Welt wir oder auch unsere Kinder leben werden. Das gibt uns große Macht über die Zukunft, wir können sie gestalten – wenn wir nur wollen.

REGISTER

DANKSAGUNG

Die Unterstützung von vielen Menschen hat dieses Buch möglich gemacht. Die Autorin dankt insbesondere Prof. Dr. Antje Boetius, Dr. Karsten Wurr, Dr. Uwe Nixdorf und Prof. Dr. Markus Rex für die Möglichkeit, die MOSAiC-Expedition zu begleiten. Dank für die inhaltliche Beratung gilt Dr. Dorothea Bauch, Boris Christian, Dr. Jessie Creamean, Dr. Ying-Chih Fang, Dr. Hauke Flores, Prof. Dr. Rolf Gradinger, Dr. Klaus Grosfeld, Prof. Dr. Christian Haas, Dr. Clara Hoppe, Dr. Mario Hoppmann, Dr. Sybille Klenzendorf, Prof. Dr. Boris Koch, Bjela König, Dr. Thomas Krumpen, Sina Löschke, Dr. Katja Metfies, Dr. Roland Neuber, Dr. Marcel Nicolaus, Dr. Ilka Peeken, Prof. Dr. Hans-Otto Pörtner, Dr. habil. Volker Rachold, Dr. Christian Salewski, Dr. Ingo Sasgen, Dr. Janin Schaffer, Dr. Julia Schmale, Dr. Anja Sommerfeld und allen anderen, die mit Expertise zur Seite standen oder auch Fotos dem Buch übergeben haben. Besonderer Dank richtet sich auch an Dr. Stefanie Arndt, Lisa Grosfeld, Sebastian Grote, Esther Horvath und Dr. Folke Mehrtens für ihre Unterstützung und die Möglichkeit, das Logbuch an den offiziellen Tagebucheinträgen von Bord der Polarstern zu orientieren, und an Annika Meyer / eventfive sowie dem Team von meereisportal.de für die Unterstützung mit Grafiken. Anette Weiß und Stephanie Roderer gilt großer Dank für die geduldige und sorgfältige Arbeit an Lektorat und Layout. Und insbesondere danken wir unseren Familien, die uns während der Arbeit an diesem Buch, die einer abermaligen Reise in die Arktis gleichkam, so sehr unterstützt haben.

Katharina Weiss-Tuider und Christian Schneider

Bildnachweis: S. 7 o.: Alfred-Wegener-Institut / Hannes Spitz (UFA Show & Factual); S. 11: Alfred-Wegener-Institut / Stefan Hendricks; S. 18/19: Lukas Piotrowski; S. 21 (von oben nach unten): Alfred-Wegener-Institut / Esther Horvath, Alfred-Wegener-Institut / Markus Rex, Alfred-Wegener-Institut / Steffen Graupner, Alfred-Wegener-Institut / Steffen Graupner, Alfred-Wegener-Institut / Manuel Ernst (UFA Show & Factual), Alfred-Wegener-Institut / Manuel Ernst (UFA Show & Factual); S. 25 o.: Photographer: L. Szacinski / Owner: National Library of Norway, bldsa_7a006; S. 27 o.: Getty Images / Print Collector / Kontributor; S. 30 o. li.: Alfred-Wegener-Institut / Mario Hoppmann; S. 30 o. m.: Alfred-Wegener-Institut / Esther Horvath; S. 30 o. re.: Alfred-Wegener-Institut / Mario Hoppmann; S. 30 u. li.: Alfred-Wegener-Institut / Stefan Hendricks; S. 30 u. m.: Alfred-Wegener-Institut / Jan Rohde; S. 30 u. re.: Alfred-Wegener-Institut / Esther Horvath; S. 31 o. li.: Alfred-Wegener-Institut / Katharina Weiss-Tuider; S. 31 o. m.: Alfred-Wegener-Institut / Marcel Nicolaus; S. 31 o. re.: Alfred-Wegener-Institut / Katharina Weiss-Tuider; S. 31 m. li.: Alfred-Wegener-Institut / Sebastian Grote; S. 31 m. m.: Alfred-Wegener-Institut / Stefan Hendricks; S. 31 m. re: Alfred-Wegener-Institut / Esther Horvath; S. 31 u. li.: Alfred-Wegener-Institut / Esther Horvath; S. 31 u. re.: Alfred-Wegener-Institut / Esther Horvath; S. 34/35: Alfred-Wegener-Institut / Lianna Nixon (University of Colorado Boulder); S. 38 o. li.: Alfred-Wegener-Institut / Esther Horvath; S. 38 o. re.: Alfred-Wegener-Institut / Esther Horvath; S. 38 m.: Alfred-Wegener-Institut / Esther Horvath; S. 38 u.: Alfred-Wegener-Institut / Stefan Hendricks; S. 39 o.: Joachim Haschek; S. 39 m. li.: Alfred-Wegener-Institut / Esther Horvath; S. 39 m. re.: Alfred-Wegener-Institut / Steffen Graupner; S. 39 u.: Alfred-Wegener-Institut / Christian Rohleder; S. 40 li.: Alfred-Wegener-Institut / Sebastian Grote; S. 40 re.: Lukas Piotrowski; S. 41 o.: Steffen Graupner; S. 42/43: Alfred-Wegener-Institut / Steffen Graupner; S. 43 o.: Alfred-Wegener-Institut / Michael Gutsche; S. 43 u.: Alfred-Wegener-Institut / Michael Gutsche; S. 44: Alfred-Wegener-Institut / Michael Gutsche; S. 45: Steffen Graupner; S. 55: Lukas Piotrowski; S. 56 o.: Alfred-Wegener-Institut / Esther Horvath; S. 56 m. li.: Alfred-Wegener-Institut / Christian Katlein; S. 56 m. re.: Alfred-Wegener-Institut / Mario Hoppmann; S. 56 u.: Alfred-Wegener-Institut / Frank Rödel; S. 57 o. li.: Alfred-Wegener-Institut / Lianna Nixon (University of Colorado Boulder); S. 57 o. m.: Alfred-Wegener-Institut / Markus Rex; S. 57 o. re.: Alfred-Wegener-Institut / Mario Hoppmann; S. 57 u. li.: Alfred-Wegener-Institut / Frank Rödel; S. 57 u. m.: Alfred-Wegener-Institut / Anne Hormes; S. 57 u. re.: Alfred-Wegener-Institut / Mario Hoppmann; S. 58: Lukas Piotrowski; S. 59 o.: Steffen Graupner; S. 59 u.: Alfred-Wegener-Institut / Markus Rex; S. 60: Alfred-Wegener-Institut / Mario Hoppmann; S. 72 o.: Alfred-Wegener-Institut / Mario Hoppmann; S. 72 u.: Alfred-Wegener-Institut / Ludovic Bariteau (NOAA); S. 76 o.: RJ Lee Group; S. 76 m.: Alfred-Wegener-Institut / Stefan Hendricks; S. 76 u.: Colorado State University; S. 77 o.: RJ Lee Group; S. 77 u.: Mauritius Images / NASA Image Collection / Alamy; S. 82: Alfred-Wegener-Institut / Janin Schaffer; S. 83 o: Alfred-Wegener-Institut / Lianna Nixon (University of Colorado Boulder); S. 83 u.: Alfred-Wegener-Institut / Lianna Nixon (University of Colorado Boulder); S. 84: Alfred-Wegener-Institut / Michael Gutsche; S. 85: Lukas Piotrowski; S. 91: Alfred-Wegener-Institut / Esther Horvath; S. 95: Lukas Piotrowski; S. 97: Alfred-Wegener-Institut / Christian Katlein; S. 105: Alfred-Wegener-Institut / Mario Hoppmann; S. 106 o. li.: Alfred-Wegener-Institut / Michael Gutsche; S. 106 o. re.: Alfred-Wegener-Institut / Michael Gutsche; S. 106 u.: Alfred-Wegener-Institut / Christian Rohleder; S. 107 o. li.: Alfred-Wegener-Institut / Lianna Nixon (University of Colorado Boulder); S. 107 o. m.: Alfred-Wegener-Institut / Markus Rex; S. 107 o. re.: Alfred-Wegener-Institut / Lianna Nixon (University of Colorado Boulder); S. 107 m.: Alfred-Wegener-Institut / Markus Rex; S. 107 u.: Alfred-Wegener-Institut / Markus Rex; S. 108 o.: Alfred-Wegener-Institut / Lianna Nixon (University of Colorado Boulder); S. 108 m.: Alfred-Wegener-Institut / Steffen Graupner; S. 108 u.: Alfred-Wegener-Institut / Steffen Graupner; S. 112/113: Alamy Images / National Geographic Image Collection

© Hans Honold

AUTORIN

KATHARINA WEISS-TUIDER begleitete die MOSAiC-Expedition als Kommunikationsmanagerin am Alfred-Wegener-Institut. Als Teilnehmerin der Expedition konnte sie die Arktis und ihre Veränderungen selbst erleben. Sie hat an der LMU München in Literaturwissenschaft promoviert und schreibt seit Langem als freie Autorin zu Themen wie Umwelt, Klima und Landwirtschaft/Ernährung. Katharina Weiss-Tuider lebt mit ihrem Mann in Berlin, mit dem sie sich ihre Begeisterung für den Schutz von Umwelt, Klima und Tieren teilt. Seit sie zum ersten Mal einen Eisbären in freier Wildbahn gesehen hat, ist ihr der Schutz der Arktis ein ganz besonderes Anliegen.

© privat

ILLUSTRATOR

CHRISTIAN SCHNEIDER, 1978 in Darmstadt geboren, studierte in Hamburg Illustration. Am liebsten beschäftigt er sich mit der Natur in all ihren Facetten, die er in kolorierten Bleistiftzeichnungen zu Papier bringt. Immer auf der Suche nach neuen Naturbegegnungen, freut er sich im Berliner Großstadtdschungel besonders über die Füchse in seiner Nachbarschaft, die dem abendlichen Spaziergang einen Hauch von Wildnis verleihen.

© Samay Claro

GRAFIKERIN

STEPHANIE RODERER, 1976 in München geboren, studierte in Österreich Neue Medien und Design und gründete bald darauf ihr eigenes Gestaltungsbüro. Sie liebt die Natur und das Wandern, denn auf dem Weg sammelt sie die besten Ideen. Wenn sie also nicht in den Bergen ist, findet man sie meist in ihrem Münchner Gestaltungsstübchen, wo sie den Ideen Glanz und Formen verleiht.

Bei diesem Buch wurden die durch das verwendete Material und die Produktion entstandenen CO2-Emissionen ausgeglichen, indem der cbj Verlag ein Projekt zur Aufforstung in Brasilien unterstützt. Weitere Informationen zu dem Projekt unter: www.ClimatePartner.com/14044-1912-1001

MIX
Papier aus verantwortungsvollen Quellen
FSC® C043106

Wir produzieren Klimaneutral
ClimatePartner.com/14044-1912-1001
Druckprodukt

Penguin Random House Verlagsgruppe
FSC® N001967

1. Auflage 2021

Innenillustrationen: Christian Schneider
Grafik und Layout: Stephanie Roderer
Redaktion: Anette Weiß
Bildredaktion: Tanja Zielezniak
Umschlaggestaltung: Stephanie Roderer unter Verwendung einer Illustration von Christian Schneider
aw · Herstellung: AJ
Reproduktion: Lorenz & Zeller, Inning a. A.
Druck: Grafisches Centrum Cuno GmbH & Co. KG, Calbe
ISBN 978-3-570-17814-0
Printed in Germany

www.cbj-verlag.de